西方里見

最高の断熱・エコハウスをつくる方法
令和の大改訂版

X-Knowledge

はじめに

　これからのエコハウス（高断熱住宅）は、断熱性能と設備計画によって冷暖房エネルギーを少なくし、さらに生活の中で消費するエネルギーを高効率の設備機器と自然エネルギーで賄い、さらに日常の省エネ生活の実践などによって、生活にかかるエネルギー消費量を減らした、地球と家計と人にやさしい住宅です。エコハウスは考え方から技術的な手法までさまざまな要素のうえに成り立っていますが、本書ではその中の建築を中心とした技術的な要素、特に壁や屋根といった外皮の熱性能とその周辺技術を中心に解説します。

　本書は2014年に発行した『最高の断熱・エコ住宅をつくる方法 カラー最新版』の改訂版になります。そして、その源流は2002年発行の『「外断熱」が危ない！』にさかのぼることができます。今回の改訂は、ここ5年で新たに整備された法律や制度、断熱・設備関連の新製品や新技術、そして国内外のさまざまな動きや知見、筆者の経験などを反映し、全体的な加筆や修正、新たな記事の追加などを行いました。

　5年の間で最も大きかったのは、エコハウスブームでしょうか。2020年の省エネ基準義務化が発表されたことで、住宅業界全体に断熱性能への関心が高まり、前真之さんの著書「エコハウスのウソ」（日経BP社刊）によって、エコハウスという言葉が広がっていきました。ここでいうエコハウスとは、断熱・空調・パッシブなどの技術によって省エネルギー化が図られた住宅、つまり高断熱・高気密住宅とほぼ同義なのですが、高断熱・高気密という言葉が苦手だった人たちの心をつかみ、建築実務者だけでなく消費者の間でも受け入れられていきます。

　それによって、長らく東日本を中心に普及している高断熱住宅が、全国へ

と広がっていきます。設計力のある地域工務店がエコハウスに本格的に取り組む例が数多く出てきたほか、知名度のある建築家がエコハウスに真剣に取り組む例も散見されるようになってきました。

　筆者も、事実、関西以西で設計する機会が増えてきました。それによって、東日本では問題にならなかった夏の酷暑の問題や、冬の日射取得の過大な効果なども改めて考える機会を得て、筆者の家づくりも日々更新されています。

　更新という意味では、前真之さん、鎌田紀彦さんをはじめとした研究者の知見によって、より科学的な視点でエコハウスが言及されるようになったことも大きいです。サーモグラフによる温度ムラの厳密な検討や、空気の清浄性、湿度の管理など、省エネはもちろん、快適性や健康維持のために、より厳密な設計が求められつつあります。シミュレーションソフトによる設計などもこの5年で当たり前になってきたものと言えるでしょう。

　本書は、筆者の最新の設計や知見を余すことなく反映でき、令和という新しい年号を迎えるエコハウスの、さらなる理解や実際の家づくりに役立つものができたのではないかと思っています。皆さまのエコハウスへの理解や実践の一助となれば幸いです。

令和元年6月　西方里見

はじめに ……………………………………………………………… 002

第1章 どのくらい断熱性能が必要なのか

省エネ基準義務化が見送られたのはなぜか …………………… 008
これまでの住宅の省エネルギー基準の変遷 …………………… 010
平成28年省エネルギー基準の概要 ……………………………… 012
外皮の熱性能基準の変更 ………………………………………… 014
現行省エネ基準の大事な指標　一次エネルギー消費量 ……… 016
省エネ基準を断熱性能の最低基準と考える …………………… 018
平成28年省エネ基準で求められる性能（1〜3地域） ………… 020
平成28年省エネ基準で求められる性能（4〜8地域） ………… 022
断熱性能は計算で求めよう! …………………………………… 024
断熱性能は断熱材＋αで考える ………………………………… 026
省エネルギー基準レベルで暖房エネルギーが減らせるのか … 028
温暖地こそQ 1.0（キューワン）住宅を ………………………… 030
これが西方設計の省エネルギー性能基準だ …………………… 034
ZEHは真の意味でゼロエネルギーなのか ……………………… 036

第2章 実例に学ぶエコハウスのつくり方

シンプル設備の超高断熱住宅——RealZEH・Q1住宅モデル能代 … 038
自然の景観と日射熱を取り込む——Q1住宅秋田旭川 ………… 042
準防の都市型エコハウス——Q1住宅川崎貝塚 ………………… 046
CO₂を減らし続けるLCCM住宅——月寒西モデルハウス ……… 050
木造の高断熱公営共同住宅——能代市営松山町住宅 ………… 054
L型の大開口をもつZEH住宅——Q1住宅秋田楢山 …………… 058
準防の都市型エコハウス——Q1住宅能代住吉 ………………… 062
築20数年の木造高断熱建築——芝置屋根のアトリエ ………… 066

第3章 地球と人間にやさしいエコハウス

縄文人は断熱・気密住宅に住んでいた …………………………… 072
現代の家は、昔の家の工夫を科学的に実現させたもの ……… 073
高い省エネ効果が、地球温暖化の防止に ……………………… 074
断熱化で脳卒中の死亡率が下がる!? …………………………… 076
死亡事故が多い「ヒートショック」を起こさない家 ………… 078
上下の温度差が少ないことは快適につながる ………………… 080
温度差のない空間がオープンな間取りをつくる ……………… 082
断熱と防湿で結露とカビ・ダニがなくなる!? ………………… 084
インフルエンザもさようなら …………………………………… 086
木材の乾燥保持で100年住宅がもつ …………………………… 088

第4章 断熱工法の選び方と施工の勘どころ

3つの断熱工法と充填断熱 ……………………………………… 090
充填断熱の防湿気密シートと劣化対策の工夫 ………………… 092
充填断熱の気流止めと断熱欠損の工夫 ………………………… 094
充填断熱の防風層の確保と躯体の耐久性・結露対策 ………… 096
充填断熱の利点❶ ローコストと軸間の有効活用 …………… 098

充填断熱の利点❷ 自然系断熱材の簡易施工と防火性 ········· 100

充填断熱の利点❸ 外装材の自由度、食害の少なさ ············· 102

充填断熱の利点❹ 屋根・天井・桁上断熱の長所 ·············· 104

充填断熱の欠点は気密工事の煩雑さ、熱橋の問題 ············· 106

夏型結露は心配しなくてよい? ························· 108

基礎断熱の優れた温熱特性 ·························· 110

基礎断熱は防蟻対策と地下水位への対応も大事 ············· 112

基礎外断熱のメリットを生かす設備計画 ·················· 114

施工性と耐久性に優れる基礎断熱 ····················· 116

施工が面倒だが、コスパのよい床断熱 ·················· 118

屋根・天井の断熱の重要性 ·························· 120

桁上断熱で省力化かつ高性能 ······················· 122

付加断熱でカンタンに高性能住宅をつくる ················· 124

付加断熱にもいろいろある ·························· 126

付加断熱に使える断熱材 ·························· 128

付加断熱の外壁には軽い材料が最適 ··················· 130

簡単に気密化できるボード気密工法 ··················· 132

ボード気密工法は結露しないのか ····················· 134

自然系断熱材を使った透湿防水シート気密工法 ············· 136

断熱工法の選び方の最終結論 ······················· 138

第 5 章 結局、断熱材は何を使えばいいのか

コストやエコロジーで断熱材を選ぶ理由 ·················· 140

断熱材の断熱性能・健康・環境性を評価する ··············· 142

断熱材の製造エネルギーを評価する ··················· 144

断熱材の防耐火性能を評価する ····················· 146

断熱材の防蟻性・施工性・コストを評価する ················ 148

床・基礎断熱の費用対効果 ························· 150

壁断熱・屋根断熱の費用対効果 ····················· 152

グラスウールは日本で最も使われている定番断熱材 ··········· 154

ロックウールは価格・性能ともグラスウールと同等 ············· 156

ビーズ法ポリスチレンフォームは軽くて高緩衝性 ············· 157

押出し法ポリスチレンフォームは基礎断熱の定番 ············· 158

硬質ウレタンフォームは外張り断熱の定番 ················ 159

フェノールフォームは高い断熱性が魅力 ················· 160

エコなポリエチレンとポリエステル ···················· 161

自然系断熱材とは何か? ·························· 162

自然系の定盤、ウールとセルロースファイバー ·············· 164

軽量軟質木質繊維ボードは次世代の本命 ················ 168

軽量軟質木質繊維ボードはエコロジー評価1位 ············· 170

第 6 章 防湿・透湿・気密部材の正しい選び方

透湿防水シートとは何か ·························· 172

多機能化が進む防湿シート ························· 174

透湿抵抗が変化して壁内の結露を防ぐ可変防湿シート ········· 176

透湿防水シートと防湿シートの選び方 ·················· 178

気密防水テープと気密パッキンを使いこなす ………………………… 180
気密防水テープにはブチルゴム系とアクリル系がある ………………… 182
土台パッキンと窓廻りパッキンの選び方 ………………………………… 184

第7章 窓を工夫して断熱・省エネを図る

窓に求められる性能 …………………………………………………………… 186
世界の窓の性能基準とガラス・サッシの使用状況 …………………… 188
断熱性能・地域によって窓の仕様は大きく変わる …………………… 190
ガラスの断熱性能は中空層幅と枚数で決まる ………………………… 192
Low-Eガラスには夏型・冬型がある ……………………………………… 194
日射取得と断熱性能の関係性 ……………………………………………… 196
特殊な高性能ガラス …………………………………………………………… 200
サッシ枠の断熱性能を知る …………………………………………………… 202
サッシ枠の特性と最新動向 …………………………………………………… 204
国内外のサッシ製品の状況 …………………………………………………… 208
日射熱取得率の高いガラスを開発する …………………………………… 210
日射遮蔽は断熱性能に合わせて遮蔽設備を選ぶ ……………………… 212
スペーサーの性能不足が熱橋・結露を引き起こす ……………………… 216
サッシ枠と躯体の間の熱橋を防ぐ ………………………………………… 218
窓の性能とコストのバランスによる選択 ………………………………… 220
気密性能の地域区分と等級の選択 ………………………………………… 222

第8章 エコハウスのための換気・冷暖房計画

「計画換気」を考える …………………………………………………………… 224
換気量はどの程度必要なのか? …………………………………………… 226
換気には自然換気と機械換気がある ……………………………………… 228
換気システム＋暖房システムを選ぶ ……………………………………… 232
暖冷房システムを考える ……………………………………………………… 238
パネルヒーティングは快適だが高コスト ………………………………… 242
床暖房は高性能住宅には不要 ……………………………………………… 243
FFストーブによる暖房 ………………………………………………………… 244
セントラルヒーティングによる暖房 ……………………………………… 246
太陽熱利用冷暖房システム …………………………………………………… 248
太陽熱利用の定番ダイレクトゲインで家を暖める …………………… 250
古いのが新しいバイオマス …………………………………………………… 252
床下暖房はローコストでマイルド ………………………………………… 254
床下暖房のメリットとデメリット ………………………………………… 256
温暖地の冷房の必要性 ………………………………………………………… 258
温暖地での冷暖房計画の考え方 …………………………………………… 260
エアコンを使った全室冷暖房❶ …………………………………………… 262
エアコンを使った全室冷暖房❷ …………………………………………… 266
ダクトエアコン全館空調 ……………………………………………………… 268

本書がよく分かる用語索引 …………………………………………………… 270

※ 本書は『最高の断熱・エコ住宅をつくる方法 カラー最新版』の内容を大幅に見直し、
　 修正、加筆を加えたものです。

デザイン：マツダオフィス　**DTP**：シンプル　**イラスト**：新月ゆき　**印刷**：シナノ図書印刷

第 **1** 章

どのくらい断熱性能が必要なのか

省エネ基準義務化が
見送られたのはなぜか

　1973年のオイルショックから本格的な省エネルギー政策や建築活動が世界的にスタートし、日本ではその7年後の1980年に「住宅の省エネルギー基準」が設置され、その後4回改正されましたが、欧米や東アジアなどに比べその進捗具合は年を追うごとに遅くなっています。2010年代から盛んにいわれてきた2020年の省エネ基準義務化も見送られました。

　北海道や北東北3県では新築住宅の7割が平成28年省エネルギー基準を満たしていると思われ、義務化は難しいことではないのですが、関西以西では未だ普及率がそれほどでもなく、さらに業界内に反対意見が少なくないため、義務化が困難と思われたのでしょう。業界内では当初反対しているのは安価な建売住宅などを販売しているパワービルダーかと思われていたのですが、その後の対応が素早く平成28年省エネルギー基準をクリアできるようになっています。話を聞く限りだと反対の中心は地域の小規模工務店のようで、細やかな施工が要求される気密工事や断熱工事に抵抗があることに加えて、各種法律への順守や、品確法、**長期優良住宅**、**ZEH住宅**など、検討すべきさまざまな基準や制度、性能、それに伴う設計や施工、書類の整備が負担になっているようです。

　世界的にみると、戸建て住宅を買えるのは経済的に中の中クラス以上の人々です。日本では世界的に稀で、低所得者であっても自由設計の注文住宅を建てています。しかし、高価な土地を組み込んで住宅ローン込みのギリギリの予算で建てるため、省エネのために窓や換気の性能を向上できる余裕はないという問題もあります。省エネ住宅や部材では中欧や北欧から25年、中国や韓国らも15年は遅れているといえます。

長期優良住宅（ちょうきゆうりょうじゅうたく）：長期優良住宅促進法により定義された、長期使用に耐えうる高性能の住宅のこと。耐震性、断熱性など多様な住宅性能が要求される。
ZEH（ぜっち）：Net Zero Energy House（ネット・ゼロ・エネルギー・ハウス）の略。住宅の断熱性・省エネ性能の向上と太陽光発電などによる創エネにより、年間の一次消費エネルギー量の収支をプラスマイナス「ゼロ」にすることを目的とする。

▶28年基準では一次エネルギー消費量が追加

平成28年省エネ基準には、平成25年省エネ基準の総合的な性能評価への見直しによって、今までの外皮性能に加えて、一次エネルギー消費量の基準が追加されました。一次エネルギー消費量は、外皮性能、設備性能、創エネ性能から成り立っています。

● 地域区分ごとによる外皮平均熱貫流率貫U_A値の強化

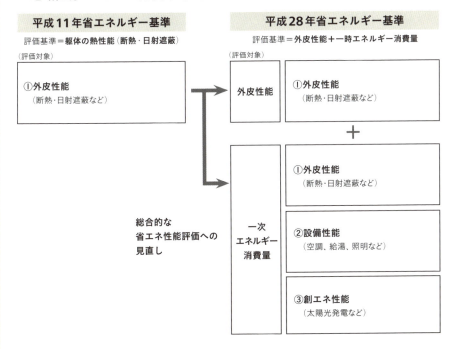

● 平成28年省エネ基準の適合ルート

第1章 │ どのくらい断熱性能が必要なのか

009

これまでの住宅の省エネルギー基準の変遷

　1980（昭和55）年に、定められた「住宅の省エネルギー基準」は、その後、1992年（平成4年）と、1999年（平成11年）に改正され、改正ごとに基準が強化されてきました。そして、2013年（平成25年）10月にさらに改正・施行され、2016年（平成28年）に一部見直しがなされた「平成28年省エネルギー基準」となっています。各省エネ基準は、制定された年度により以下のように名付けられています。（　）内は通称です。

❶昭和55年省エネ基準（旧省エネ基準）

❷平成4年省エネ基準（新省エネ基準）

❸平成11年省エネ基準（**次世代省エネ基準**）

❹平成25年省エネ基準

❺平成28年省エネ基準

　右のグラフは、昭和55年省エネ基準から平成11年省エネ基準までの断熱水準の推移を示しています。住宅全体の断熱性能を示す指標の1つである熱損失係数（**Q値**）と外皮平均熱貫流率（U_A値）は、新しい基準に改正されるごとに強化され、平成11年基準で「暖房をつけていれば寒くなることはない」という最低限の断熱性能になりました。平成25年・平成28年基準はこの性能がベースになっています。とはいえ20年前の基準ですし、より省エネ化を進めている諸外国からはかなり遅れをとっています。

　また、平成25年基準から換気の熱損失が計算外になったのは残念でした。より高レベルの断熱性能の住宅になってくると、熱交換換気システムが必要になり、換気は断熱性能にも大きな影響を与えます。ただし、住宅の性能評価に消費一次エネルギーを入れたのは評価できます。

次世代省エネルギー基準（じせだい―きじゅん）：平成11年の告示「住宅に係わるエネルギーの使用の合理化に関する基準」の通称。熱損失係数の基準値強化、都道府県単位の地域区分を見直しなどの当時としては画期的な改正が行われた。

Q値（きゅーち）・**熱損失係数**（ねつそんしつけいすう）：外壁や天井・床などの各部位の熱の逃げる量（熱損失量）を計算し、各部位の熱損失量を合計したものを延床面積で割って計算したもの。

改正ごとに性能がアップしている

下のグラフは、昭和55年省エネ基準(等級2)から平成11年省エネ基準(等級4)までの断熱水準の推移を示しています。住宅全体の断熱性能を示す外皮平均熱貫流率(U_A値)は、新しい基準に改正されるごとに強化されています。なお、現行の平成28年省エネ基準は、平成11年省エネ基準(等級4)とほぼ同じ断熱水準です。

● 平成28年省エネ基準の変更点

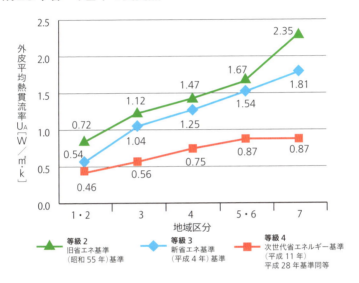

出典：住宅省エネルギー技術研修テキスト（木を生かす建築推進協議会）

北海道の1・2地域を除き、次世代省エネ基準(平成28年基準同等)の断熱性能のU_A値は、その前の新省エネ基準などから倍近くの向上がみられますが、世界基準と比べるとまだまだ低いです。

第1章 ｜ どのくらい断熱性能が必要なのか

平成28年省エネ基準の概要

　現行の省エネ基準に当たる平成28年省エネルギー基準は平成25年省エネルギー基準が元になり改正されたものです。

　住宅の性能値は平成11年省エネ基準（次世代省エネ基準）から基本的に変わっていませんが、「地域区分の細分化」と、「外皮の熱性能基準」「**一次エネルギー**消費量基準」が求められる性能の表現方法は平成25年省エネ基準から変わり、現行基準に引き継がれています。なお、「外皮の熱性能基準」は外皮平均熱貫流率（**U_A 値**）の基準と冷房期の平均日射熱取得率基準から、「一次エネルギー消費量基準」は暖冷房・換気・照明・給湯・再生可能エネルギー（太陽光発電等）からそれぞれ成り立っています。

　住宅の省エネ化の要素技術は、「建築による手法」と「設備による手法」に分けられ「外皮の熱性能」は「建築による手法」の技術により、「一次エネルギー消費量」は「設備（暖冷房・換気・照明・給湯・太陽光と太陽熱）による手法」によって達成すべき指標を定めています。

　また、依頼主に住宅の性能を報告することが求められました。章の冒頭で説明したような義務化にはほど遠いですが、ある程度の性能基準の普及効果は期待できるでしょう。

　エコハウスに関心がある工務店や設計事務所は、平成28年省エネ基準以上の HEAT20 や Q1.0 住宅で住宅をつくっていますが、そうではない大多数の工務店や設計事務所は省エネルギー化があまり進んでいません。地震が多発していることもあって、義務化されていないにも関わらず、高い耐震性が普及しているように、各々の立場で、地球温暖化や日本のエネルギー問題、省エネや高断熱化のメリットなどを啓蒙していく必要があります。

U_A 値（ゆーえーち）・外皮平均熱貫流率（がいひへいきんねつかんりゅうりつ）：換気の熱損失を除いた熱損失量を、床面積ではなく床、壁、天井、開口部の面積の合計で割った値である。
一次エネルギー（いちじ—）：人間が利用するエネルギーのうち、主に自然界に存在するもの。薪・木炭、石炭・石油・天然ガス、太陽放射・地熱・風力・水力などが当たる。平成25年省エネ基準で、住宅の一次エネルギー消費量を抑えることが明記された。

▶「建築による手法」と「設備による手法」

住宅の省エネ化の要素技術は、「建築による手法」と「設備による手法」に分けられ「外皮の熱性能」は「建築による手法」の技術により、「一次エネルギー消費量」は「設備（暖冷房・換気・照明・給湯・太陽光と太陽熱）による手法」によって達成されます。

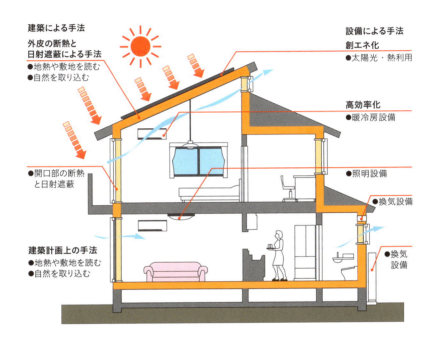

出典：住宅省エネルギー技術研修テキスト（木を生かす建築推進協議会）

図の左側が建築による手法、右側が設備による手法になります。太陽エネルギーの利用は、建築による手法の日射取得と遮蔽、設備による手法の創エネ化の太陽光発電と2つの手法にまたがっています。

第1章 ｜ どのくらい断熱性能が必要なのか

外皮の熱性能基準の変更

これまでの平成 11 年省エネ基準（次世代省エネルギー基準）は、「建築主の判断基準（性能規定）」と、「設計・施工指針（仕様規定）」に分かれていましたが、平成 28 年省エネ基準では、これまで年間暖冷房負荷、熱損失係数（Q 値）、夏期**日射取得係数（μ（ミュー）値）**などで評価していた外皮の断熱性能は、外皮平均熱貫流率（U_A 値）と冷房期の平均**日射熱取得率（η AC 値）**で評価します。これまでの Q 値や μ 値は床面積あたりの数値ですが、U_A 値と ηAC 値は外皮面積あたりの数値ですので、床面積の大小による差や建物形状が複雑か単純かによる影響が小さくなります。

これまでの平成 11 年省エネ基準における外皮の熱性能基準では、同じ仕様であっても小規模住宅や複雑な形状の住宅では値が大きく出てしまうといった課題がありました。これを踏まえ、外皮総熱損失量を床面積で割る「熱損失係数：Q 値」から、総外皮表面積で割る「外皮平均熱貫流率：平均 U_A 値」が新たな指標となり、規模の大小や住宅の形状にかかわらず、評価の精度がより高くなります。

また、日射遮蔽性能については、総日射取得量を床面積で割る「夏期日射取得係数：μ 値」から、方位係数を考慮した総外皮表面積で割る「冷房期の平均日射熱取得率：η AC 値」が新たな指標となり、方位をはじめ、屋根や天井、外壁、ドア、窓ガラスからの総日射量が評価できるようになります。

地域区分は平成 25 年省エネ基準と同様です。かつては地域区分ごとに熱損失係数（Q 値）が基準値であったのですが、平成 25 年省エネ基準以降は同じ性能を熱貫流率（U_A 値）に変更されました。

μ値（みゅーち）・日射取得係数（にっしゃしゅとくけいすう）：建物の各部位の日射取得を延床面積で割った数値を指す。なお、各部位の日射取得は、日射侵入率×面積×地域別方位係数で算出される。
η値（いーたち）・日射熱取得率（にっしゃねつしゅとくりつ）：窓から透過して室内に到達した日射量や暖められた窓から放射して室内に到達した日射量の合計を、窓が受ける日射熱で割ったもの。窓がどれだけ日射熱を室内に取り込めるかの指標となる。

▶ 熱損失係数Q値から外皮平均熱貫流率U_A値へ

平成25年省エネ基準から断熱性能の表現は熱損失係数Q値から外皮平均熱貫流率U_A値に変わり、夏季日射取得係数μ値から冷房期の平均日射熱取得率ηAC値に変わっています。

● 日射遮蔽性能の基準値（クリアしなければならない値）

地域区分	1地域	2地域	3地域	4地域	5地域	6地域	7地域	8地域
断熱性能 外皮平均熱貫流率U_A	基準あり 0.46以下	基準あり 0.46以下	基準あり 0.56以下	基準あり 0.75以下	基準あり 0.87以下	基準あり 0.87以下	基準あり 0.87以下	基準なし
日射遮蔽性能 平均日射熱取得率ηAC	基準なし	基準なし	基準なし	基準なし	基準あり 3.0以下	基準あり 2.8以下	基準あり 2.7以下	基準あり 3.2以下

● 外皮平均熱貫流率U_A値と平均日射熱取得率ηAC値

外皮平均熱貫流率U_A値

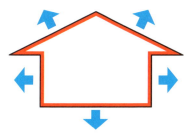

各部位（天井または屋根・外壁・開口部）から入る日射熱の合計
外皮面積の合計（天井または屋根・外壁・床・開口部の面積合計）

平均日射熱取得率ηAC値

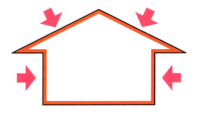

各部位（天井または屋根・外壁・開口部）から逃げる熱の合計
外皮面積の合計（天井または屋根・外壁・床・開口部の面積合計）

出典：三共アルミホームページ

現行省エネ基準の大事な指標
一次エネルギー消費量

　現行の平成28年省エネルギー基準では外皮の熱性能の基準に、一次エネルギー消費量の基準が加わっています。

　一次エネルギー消費量は、暖冷房などの各種設備の種別と性能から算出し、設計仕様での値（設計一次エネルギー消費量）が、基準仕様での値（基準一次エネルギー消費量）以下であることを評価します。

　これまでの平成11年省エネ基準では、建物の断熱性能への評価が中心で、省エネ性能の高い設備機器を使用しても評価できないといった課題があげられていました。これを受け、今回の改正では、外皮の断熱性能に加え、暖冷房や給湯、照明設備などの性能も含めて、建物全体の省エネ性能を評価できるよう、「一次エネルギー消費量」を指標とする基準に見直されました。一次エネルギー消費量は、「暖冷房エネルギー消費量」「換気エネルギー消費量」「照明エネルギー消費量」「給湯エネルギー消費量」「家電エネルギー消費量」で評価されます。

　一次エネルギーは、**化石燃料**、原子力燃料、水力・太陽光など自然から得られるエネルギーを指し、これらを変換・加工して得られるエネルギー（電気、灯油、都市ガス等）を「二次エネルギー」といいます。

　いずれにしてもとても難しく感じられると思いますが、一次エネルギー消費量の具体的な計算には、国土交通省国土技術政策総合研究所と独立行政法人建築研究所が提供する「**エネルギー消費性能計算プログラム**」を用いて算出できる仕組みとなっています（http://house.app.lowenergy.jp）。

化石燃料（かせきねんりょう）：石油、石炭、天然ガスなどのこと。微生物の死骸や枯れた植物などが化石となり、石油や石炭になったことからこのように呼ばれる。有限の資源であり、燃焼時に二酸化炭素を排出するため、地球環境の観点では削減することが望ましいとされる。
エネルギー消費性能計算プログラム（―しょうひけいさん―）：平成25年省エネ基準に新たに加えられた一次エネルギー消費量を計算するために用意された公的なプログラム。

▶一次エネルギー消費量低減のための手法例

省エネ化の手法は、「負荷の低減」と「エネルギーの効率的使用」の2つに分類されます。「負荷の低減」は、室温をある温度にするために必要な熱量（暖冷房負荷）などを低減させる手法です。「エネルギーの効率的使用」は、負荷を少ないエネルギーで低減させるための手法で、具体的には、熱交換換気やエアコンなどエネルギー使用効率の高い設備機器を用いることを指します。

● エネルギー使用用途別の主な省エネルギー手法

	主な省エネ化の手法		創エネ
	負荷の低減	エネルギー使用の効率化	
暖冷房エネルギー	・外皮の断熱化 ・外皮の気密化 ・日射の遮蔽（夏期）、取得（冬期） ・通風利用 ・躯体蓄熱 ・設計計画（プランニング） ・開口比率（窓面積／外皮面積） ・建物形状（外皮面積／床面積） ・方位（主要開口部） ・日射熱制御（庇など付属部材） ・その他（窓配置、断熱部位（屋根か天井かなど）、下屋・ピロティの有無など） ・熱交換換気の採用	・暖冷房設備効率の向上 ・床暖房：敷設率、上面放熱率の向上 ・温水暖房：配管断熱化	・太陽光発電設備の設置
換気エネルギー		・DCモーターの採用 ・比消費電力の小さいものを採用 ・ダクト径の大きいものを採用	
照明エネルギー	・多灯分散照明方式とする ・調光可能な制御を採用する ・人感センサーの採用 ・採光計画	・白熱灯以外の器具を採用	
給湯エネルギー	・節湯型器具の採用 ・浴槽の断熱化 ・太陽熱給湯設備の設置	・給湯熱源機の効率向上 ・コージェネレーションを使用 ・配管：ヘッダー s方式とする ・配管：小口径とする	

緑文字：建設による省エネ
黒文字：設備による省エネ

出典：平成30年省エネルギー技術講習基本テキスト

第1章 ｜ どのくらい断熱性能が必要なのか　　017

省エネ基準を断熱性能の
最低基準と考える

　現各地域の気候条件や住まい方の違いによって、求められる断熱性能も違ってきます。どの程度の性能が必要なのかという点についてはいろいろな考え方がありますが、平成28年省エネルギー基準を基準に考えるのが「基本」であるといえます。

　平成28年省エネルギー基準は日本全国を8地域に分け、地域ごとに評価基準を設定しています。地域区分は、大まかにいうと1・2地域が北海道など、3地域は北東北など、4地域は東北と北関東など、7地域は南九州など、8地域は沖縄など、そのほかが5・6地域となっており、5・6地域が日本の人口のおおよそを占める関東・東海・近畿・中国・四国・九州などの平野部です。高断熱・高気密住宅が普及している1・2・3地域などの寒冷地では、新築については平成28年省エネルギー基準に準じた性能を保持している建物が大半を占めています。といっても、それ以外の地域では、まだまだ意識の低い住まい手とつくり手が、平成4年省エネルギー基準（**新省エネルギー基準**）程度に甘んじているケースも少なくありません。

　新省エネルギー基準の性能は、平成28年省エネルギー基準に比べ格段に低く、結露防止がままならないほか、暖房を使っても適度に暖かく、温度差が少ない室内環境にすることはできません。これはすべての地域について当てはまります。また、今後は良好な室内環境だけでなく、二酸化炭素削減などの環境問題の解決が望まれつつあります。今後の二酸化炭素規制の流れを考えると、平成28年省エネルギー基準のその先、EUなどと同等のさらに厳しい基準の導入が考えられるでしょう。つまり、平成28年省エネルギー基準こそ「最低基準」と考えるべきなのです。

新省エネルギー基準（しんしょう―きじゅん）：平成4年に制定された住宅の省エネルギーに関する基準（告示）。全国的に断熱材の使用を促し、気密住宅や日射遮蔽などの概念を盛り込んだ。また、住宅金融公庫の割り増し融資の形で運用され、省エネルギー住宅の普及に一役かった。現在では、数値などが住宅性能表示制度（省エネ対策等級3）などに利用されている。

▶ 平成28年省エネ基準は8つの地域に分けられる

平成28年省エネルギー基準では、
全国のアメダス観測地点で測定された温度のデータを利用して暖房度日を算出し、
市町村界単位による8つの地域区分が決められました。
この地域区分にもとづいて、断熱性能をはじめとしてさまざまな基準が設けられています。

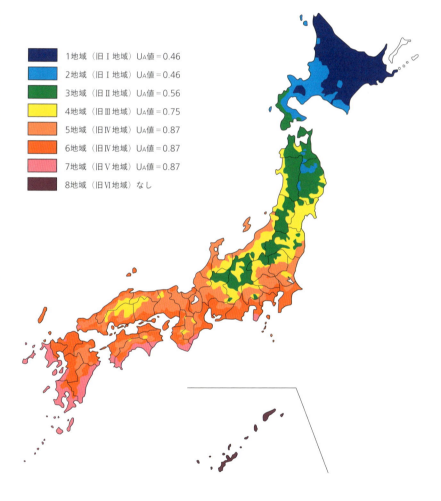

出典：平成28年省エネルギー基準に準拠したエネルギー消費性能の評価に関する技術情報

第1章 ｜ どのくらい断熱性能が必要なのか

平成28年省エネ基準で
求められる性能（1～3地域）

　平成28年省エネ基準の断熱性能の呼称がＱ値からＵ_A値に変わったものの、平成11年省エネ基準（次世代省エネ基準）と断熱性能自体はほとんど変わっていませんし、早見表の断熱材の種類と厚さも変わっていません。外皮性能基準に新たに加わったのは、5～8地域で、屋根、天井、外壁、開口部から「侵入する日射熱の合計」の、冷房期の平均日射熱取得率 η AC の基準です。暖房期の平均日射熱取得率は η AH と称します。

❶ 1・2地域では壁は135㎜と付加断熱が前提に

　1・2地域では、断熱材区分のＣクラス（高性能グラスウールなどが該当）の充填断熱で、住宅金融支援機構の「木造住宅工事仕様書」などに記載されている地域別の断熱材の「早見表」によると屋根の断熱厚さは265㎜、以下、天井は230㎜、壁は135㎜、床は135㎜が必要とされています。そのほかに「外壁の中間階床の横架材部分に生じる熱橋に対しては、断熱材を付加して断熱補強を行うことが必要」といった要件を満たされなければなりません。外張り断熱では、断熱材区分のＥクラス（押出し法ポリスチレンフォームＢ種3類、硬質ウレタンフォームなどが該当）の断熱材の厚さ早見表によると、屋根・天井は160㎜、壁が85㎜とされています。

❷ 3地域では天井160㎜、壁90㎜

　3地域についてはそれほど驚くような仕様ではありませんが、断熱材区分のＣクラスの充填断熱（高性能グラスウールなど）で、屋根の断熱厚さは185㎜、以下、天井は160㎜、壁は90㎜、床は135㎜が必要とされています。外張り断熱では、断熱材区分のＥクラスの断熱材（硬質ウレタンフォームなど）の厚さ早見表によると、屋根・天井は115㎜、壁が50㎜とされています。

η A値（いーたえーち）・平均日射熱取得率（へいきんにっしゃねつしゅとくりつ）：建物が取得する窓や外壁、屋根などからの日射熱を、建物の外皮面積（外壁、屋根、床などの表面積）で割った数値で表し、建物がどれだけ日射熱の影響を受けるかどうかが把握できる。また、η AC 値は冷房期、η AH 値は暖房期の平均日射熱取得率を指し、ZEH で冷暖房のエネルギー消費を計算する際に必要となる。

▶1〜3地域は、すべてに高い断熱性を要求

平成28年省エネ基準では、北海道や北東北が含まれるこれらの地域では、
かなり高い断熱性が要求されます。
特に屋根部分は垂木などに納めるには困難なほどの厚みが要求されますので、
天井断熱や桁上断熱にしたほうが望ましい場合も多くなります。

● 木造住宅の地域別断熱材の厚さ早見表（1・2地域・3地域充填断熱のみ）

地域	工法	必要性能		屋根または天井		壁	外壁の中間階、床の横架材部分	床		土間床などの外周部	
				屋根	天井			外壁に接する部分	その他の部分	外壁に接する部分	その他の部分
1・2	充填断熱	必要な熱抵抗値		6.6	5.7	3.3	1.2	5.2	3.3	3.5	1.2
		断熱材の種類・厚さ	A-1	345	300	175	65	275	175	185	65
			A-2	330	285	165	60	260	165	175	60
			B	300	260	150	55	235	150	160	55
			C	265	230	135	50	210	135	140	50
			D	225	195	115	45	180	115	120	45
			E	185	160	95	35	150	95	100	35
	外張り断熱	必要な熱抵抗値		5.7	5.7	2.9	—	3.8	—	3.5	1.2
		断熱材の種類・厚さ	A-1	300	300	155	—	200	—	185	65
			A-2	285	285	145	—	190	—	175	60
			B	260	260	135	—	175	—	160	55
			C	230	230	120	—	155	—	140	50
			D	195	195	100	—	130	—	120	45
			E	160	160	85	—	110	—	100	35
3	充填断熱	必要な熱抵抗値		4.6	4	2.2	—	5.2	3.3	3.5	1.2
		断熱材の種類・厚さ	A-1	240	210	115	—	275	175	185	65
			A-2	230	200	110	—	260	165	175	60
			B	210	180	100	—	235	150	160	55
			C	185	160	90	—	210	135	140	50
			D	160	140	75	—	180	115	120	45
			E	130	115	65	—	150	95	100	35

注：熱抵抗値の単位はm²℃／W、断熱材の厚さはmm

参考：フラット35対応木造住宅工事仕様書

平成28年省エネ基準で求められる性能（4〜8地域）

❶ 4 〜 6 地域は天井断熱に高い性能を要求

　4 〜 6 地域が、断熱材区分 C クラスの充填断熱で、屋根の断熱厚さは185mm、以下、天井が160mm、壁が90mm、床が100mmとなっているのは注目に値します。これは新省エネルギー基準から比べると、大変な高断熱化です。屋根と天井の断熱材はより寒さが厳しい 3 地域と同等になっていますが、これは寒さ対策より日射熱による暑さ対策が優先されているためです。

　充填断熱において、壁の中や天井に目一杯断熱材を充填するというのは、50mm厚の断熱材をスカスカな状態で入れるのとは訳が違います。特に壁の100mm厚充填は、断熱欠損、防湿、透湿、気密などを総合的に考慮し結露対策をしっかり行わなければならず、施工の手間も大変にかかります。

　外張り断熱でも、今までは E クラス相当の断熱材は、断熱厚さが壁・屋根・天井ともに 50mm厚でよかったために施工が楽だったのですが、平成28 年基準では天井・屋根が 115mmと厚くなり、施工が困難になっています。

❷ 7 〜 8 地域は冷房負荷への対策が重要

　7 地域は 4 〜 6 地域の U$_A$ 値の 0.87W ／㎡ K と同じですが、8 地域には U$_A$ 値の基準がありません。7 〜 8 地域は**暖房負荷**より**冷房負荷**が大きくなりますが、冷房負荷に大きく影響するのは平均日射熱取得率 η AC です。その基準は 7 地域では 2.7、8 地域で 3.2 です。 η AC を小さくすれば冷房負荷が減りますが、 η AH も小さくなり暖房負荷が逆に大きくなり省エネルギーにはなりません。適正な η AH を決めたうえで、 η AC 対策として窓に外付けブラインドや外付けシェードなどの日射遮蔽設備を取り付けましょう。

暖房負荷（だんぼうふか）・**冷房負荷**（れいぼうふか）：冬は外気温が低いため、室内の熱は壁、屋根、床を通過して失われていく。そのため、暖房に負荷をかけて失われた熱量の総量を補給する必要がある。これを暖房負荷という。夏はその反対に外気温によって温められた室内の熱を冷房に負荷をかけて下げていく。これを冷房負荷という。

▶4地域以西でも、屋根には高い断熱性を要求

平成28年省エネ基準では、4地域以西のいわゆる温暖な地域でも、
屋根や天井に関しては高い断熱性能を要求しています。
したがって、屋根断熱を採用する場合は、
納まり上の工夫や高性能な断熱材を使うなどの工夫が必要です。

● 木造住宅の地域別断熱材の厚さ早見表（3地域外張り断熱のみ・4〜7地域）

地域	工法	必要性能		屋根または天井		壁	外壁の中間階、床の横架材部分	床		土間床などの外周部	
				屋根	天井			外壁に接する部分	その他の部分	外壁に接する部分	その他の部分
3	外張り断熱	必要な熱抵抗値		4	4	1.7	−	3.8	−	3.5	1.2
		断熱材の種類・厚さ	A-1	210	210	90	−	200	−	185	65
			A-2	200	200	85	−	190	−	175	60
			B	180	180	80	−	175	−	160	55
			C	160	160	70	−	155	−	140	50
			D	140	140	60	−	130	−	120	45
			E	115	115	50	−	110	−	100	35
4〜7	充填断熱	必要な熱抵抗値		4.6	4	2.2	−	3.3	2.2	1.7	0.5
		断熱材の種類・厚さ	A-1	240	210	115	−	175	115	90	30
			A-2	230	200	110	−	165	110	85	25
			B	210	180	100	−	150	100	80	25
			C	185	160	90	−	135	90	70	20
			D	160	140	75	−	115	75	60	20
			E	130	115	65	−	95	65	50	15
	外張り断熱	必要な熱抵抗値		4	4	1.7	−	2.5	−	1.7	0.5
		断熱材の種類・厚さ	A-1	210	210	90	−	130	−	90	30
			A-2	200	200	85	−	125	−	85	25
			B	180	180	80	−	115	−	80	25
			C	160	160	70	−	100	−	70	20
			D	140	140	60	−	85	−	60	20
			E	115	115	50	−	70	−	50	15

注 熱抵抗値の単位は㎡℃／W、断熱材の厚さはmm
　5・6地域の屋根または天井、壁の断熱材の厚さは、充填断熱・外張り断熱ともに3〜7地域と同じ、床・土間床などの外周部の断熱は不要

参考：フラット35対応木造住宅工事仕様書

第1章 │ どのくらい断熱性能が必要なのか 　023

断熱性能は計算で求めよう！

　平成 28 年省エネルギー基準の「外皮性能基準」にあるような外皮平均熱貫流率 U_A と冷房期の平均日射熱取得率 η_{AC} や一次エネルギー消費量（年間暖冷房負荷）計算を個別に行うと、断熱補強を効果的に行うことで、平成 28 年省エネ基準をクリアしながらも、屋根や天井の高性能グラスウール断熱材の厚さは 5 地域で 50mm にできます。フランチャイズ工法などはこの計算をもとに算出した仕様で型式認定を受けることで、経済的な断熱材の厚さや工法をとっています（とはいえ、実際には夏季の日射の**輻射熱**や冬季の室内微気流発生などが考えられるため、本当なら早見表程度の厚さは欲しいところです）。しかし、この計算は適切な断熱性能を考えるうえで非常に役に立つ「道具」でもあります。たとえば、開口部や換気などを総合的にバランスよく考慮した外皮平均熱貫流率、熱損失係数や年間暖冷房負荷計算を個別に行うことで、建物の性能がきちんと把握できます。「計算」といってもそんなに難しいものではありません。電卓でできる程度のもので、住宅設計のプロならば問題なくできて当然というレベルです。

　ちなみに外皮平均熱貫流率や一次エネルギー消費量計算については、数字を入力するだけで計算をしてくれる便利なソフトが市販されています。たとえば、ＮＰＯ法人新木造住宅技術研究協議会（**新住協**）の「**QPEX**」は、初めてでも半日、慣れれば 2 時間ほどの数値入力で、アメダス観測地点の842 カ所の地域の U_A 値、Q 値、一次エネルギー消費量、暖房用灯油消費量、暖冷房用の CO_2 排出量を簡単に計算できます。また、窓面積の大小や、ガラスの種類、断熱材の種類・厚さを容易に変更でき、計算結果もそのつど確認できます。

輻射熱〔ふくしゃねつ〕：離れている熱源が物体の温度を上昇させるために用いられる放射エネルギーのことである。具体的な例としては、たき火や太陽の熱などが輻射熱に該当する。
新住協〔しんじゅうきょう〕：NPO 法人新木造住宅技術研究協議会のこと。工務店や設計事務所、研究者、建材メーカーが共同で木造住宅の技術開発を行っている。
QPEX〔きゅーぺっくす〕：新住協が開発した熱計算プログラムのこと。

断熱性能や燃費などを計算できる定番ソフト

公的な定番ソフトとしては、建築研究所が提供している
「計算支援プログラム」(通称WEBプログラム)があり、
一次エネルギー消費量の計算や簡易計算法(モデル建築物)による評価が可能です。
また、民間の団体・企業からもさまざまなプログラムが販売されています。

技術開発団体である一般社団法人・新住協が配布・販売している QPEX は、
暖房消費エネルギー、自然温度差、総熱損失係数、Q値、CO_2 発生量などが計算できます。

一般社団法人・パッシブハウスジャパン監修の「建もの燃費ナビ」(シービーユー)は、
建物の燃費を見える化するシステムで、国際規格 ISO や EN、および温熱計算を
細かく規定する DIN 規格をベースとした厳密な温熱計算を行う「パッシブハウス・
プランニング・パッケージ(通称PHPP)」の日本語入力サポート機能が搭載されています。

ホームズ君「省エネ診断エキスパート」(インテグラル)は、
「外皮平均熱貫流率(U_A値)」と「冷房期の平均日射熱取得率(ηAC値)」の計算に加え、
一次エネルギー消費量、燃費、日当たりなども計算できます。

断熱性能は断熱材＋αで考える

　建物の断熱性能は、断熱材だけでなくほかの開口部や工法と一体に考える必要があります。たとえば、天井・外壁・床の断熱材が10Kのグラスウール100mm厚とし、窓を単板ガラスのアルミサッシした建物を新住協の熱計算ソフト「QPEX」で場所は練馬で計算すると、U_A値＝1.11W／㎡K（Q値＝3.26W／㎡K）になり、U_A値＝0.87W／㎡K（Q値＝2.47W／㎡K）5地域以西の平成28年省エネルギー基準をクリアできません。この仕様の窓をペアガラス＋断熱アルミサッシにした建物はU_A値＝0.80W／㎡K（Q値＝2.47W／㎡K）になり平成28年省エネルギー基準をクリアします。もっと性能を上げるには、断熱材を高性能グラスウール16K厚さが天井200mm・外壁100mm・床100mmとし、窓をペアガラス＋断熱アルミサッシにした建物はU_A値＝0.67W／㎡K（Q値＝2.21W／㎡K）になり4地域をクリアします。さらに窓をペアガラス＋樹脂サッシにした建物はU_A値＝0.64W／㎡K（Q値＝2.06W／㎡K）になります。さらに窓のガラスをアルゴンガス入りLow-Eペアガラスにした建物はU_A値＝0.54W／㎡K（Q値＝1.80W／㎡K）になります。

　外張り断熱についても同様です。屋根・外壁・床の断熱材が押出法ポリスチレンフォーム3種bA 50mm厚にペアガラス＋断熱アルミサッシにすることで、U_A値＝0.86W／㎡K（Q値＝2.67W／㎡K）になり、5・6地域のU_A値＝0.87W／㎡K（Q値＝2.7W／㎡K）をクリアできます。また窓をアルゴンガス入りLow-Eペアガラス樹脂サッシにすると、U_A値＝0.65W／㎡K（Q値＝2.11W／㎡K）で4地域のU_A値＝0.75W／㎡K（Q値＝2.4W／㎡K）をクリアできます。なお、換気はすべて3種換気です。

外張り断熱（そとばりだんねつ）：木造躯体の外側から断熱材で隙間なく覆うことで、断熱性能を確保する工法。充填断熱のように躯体内部に断熱材を充填しないため、壁内結露は発生しないが、断熱材を設置するために外部に新たに支持部材が必要になるため、そのぶん価格が上昇する。付加断熱は外張り断熱と充填断熱を組み合わせたものである。

建物の断熱性能は窓の性能で決まる

5地域の基準(U_A値0.87W／㎡K)をクリアする仕様は、天井・外壁・床の断熱材がグラスウール10K 100㎜厚、窓がペアガラス＋断熱アルミサッシです。4地域の基準(U_A値0.75W／㎡K)をクリアする仕様は、天井・外壁・床の断熱材が5地域と同様で、窓がペアガラス＋樹脂サッシです。

● U_A値（Q値）と暖房負荷の関係

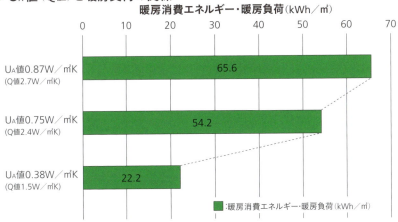

● 各U_A値（Q値）における開口部の占める割合

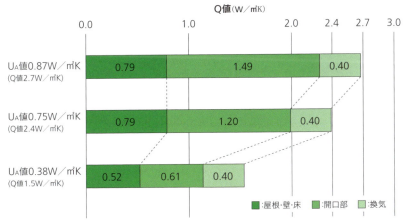

第1章 ｜ どのくらい断熱性能が必要なのか

省エネルギー基準レベルで
暖房エネルギーが減らせるのか

　2020年の義務化が見送られた平成28年省エネルギー基準（次世代省エネルギー基準同等）の住宅の性能が、決して満足ができる性能にないことを暖房のエネルギー消費量で考えてみます。

　現在求められている住宅は、省エネルギーとともに各室の温度差が少なく人体に負荷がかからない家です。そのためには**全室・全日暖房**の住宅が必要ですが、平成28年省エネルギー基準は全室・全日暖房を前提に考えられていません。このレベルの性能で全室・全日暖房を行うと、暖房のエネルギー消費量はかなり多くなります。

　詳しくは右のグラフを見ていただきたいのですが、平成28年省エネルギー基準の家の全室・全日暖房の灯油の消費量（薄い緑色の棒）が、個別・間欠暖房の一般的な住宅の暖房の灯油の消費量（点線）を、北海道を除き5割ほど上回っているのが分かります。なお、北海道が例外なのは、平成28年省エネルギー基準がほかの地域より厳しく、省エネルギーで全室・全日暖房の住宅が普及しているからです。いずれにしても、平成28年省エネルギー基準の家で全室・全日暖房を行うには、暖房費がかなりかかってしまいます。したがって、より断熱性能を高める必要があります。たとえば、Q1.0住宅レベル1の性能にすることで、省エネ基準住宅の半分以下に灯油の消費量（濃い緑色の棒）を抑えることができます。

　なお、このグラフでは、暖房エネルギー消費量が多いのは、北海道を除けば冬に**日射量**が少ない日本海側の都市であることが分かります。冬の日射熱が暖房エネルギー消費量に大きく影響しており、断熱だけでなく日射取得を考えた窓を設計することが極めて重要なことが理解できます。

全室暖房（ぜんしつだんぼう）：建物全体を連続して暖める暖房方式のこと。冬の間を通して建物全体を暖めるため、日夜、部屋を問わず快適な住環境が得られ、部屋間移動中の温度変化により起こるヒートショックを軽減することができる。
日射量（にっしゃりょう）：太陽からの放射エネルギー量を測定したものである。太陽光そのものの放射エネルギーを指す直達日射量、青空や雲からの放射エネルギー量を指す散乱日射量などがある。

▶全室暖房でどのくらい暖房エネルギーがかかるのか

平成28年省エネルギー基準(次世代省エネルギー基準同等)の全室暖房のエネルギー消費量は間欠暖房のほぼ倍であり、これでは省エネルギーになりません。
省エネルギーにするには平成28年省エネルギー基準の
2倍、3倍、4倍以上の省エネルギー住宅が必要になります。

● 省エネ基準住宅の全室暖房時の暖房灯油消費量

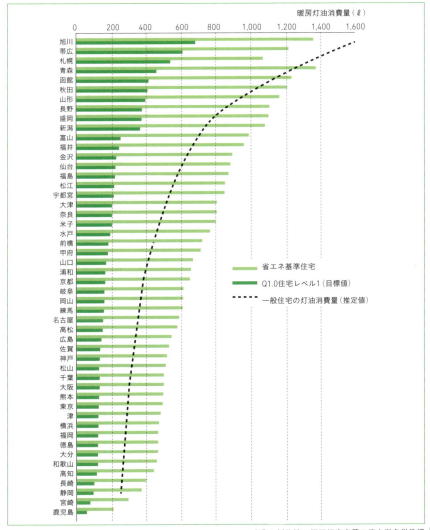

出典：新住協＋鎌田紀彦室蘭工業大学名誉教授

温暖地こそＱ1.0（キューワン）住宅を

　6地域以西で実際につくられる平成28年省エネルギー基準レベルの住宅を早見表で断熱材を組み合わせると壁の厚さがグラスウール相当で100mm、天井が160mm、窓は断熱サッシにペアガラス程度の断熱仕様になります。U_A値では0.77 W／㎡K（Q値では、2.4 W／㎡K）前後になっていて、この時点で暖房エネルギー消費量は平成28年省エネルギー基準における5・6地域のU_A値0.87 W／㎡K（Q値＝2.7 W／㎡K）の住宅に比べて20％から30％減になっています。さらに断熱性能を向上させ、暖房エネルギー消費量を50％削減するには、5・6地域ではU_A値0.46 W／㎡K（Q値＝1.6 W／㎡K）、4地域ではU_A値0.34 W／㎡K（Q値＝1.3 W／㎡K）が求められます。

　しかし、**ヒートショック**を防ぎ、家中を快適な環境とするため、家中を暖房する手法を用いた場合、暖房エネルギー消費量を50％に削減する断熱性能（U_A値0.46 W／㎡K（Q値＝1.6 W／㎡K））として、一般的な部屋ごとに暖房を行う個別暖房の住宅とほぼ等しくなります。これでは省エネルギーと、快適な生活が両立できません。5地域以西であっても、平成28年省エネルギー基準の暖房エネルギー消費量の1／3〜1／4にしたいものです。5・6地域ではU_A値0.34 W／㎡K（Q値1.3 W／㎡K）以下、3・4地域ではU_A値0.28 W／㎡K（Q値1.15 W／㎡K）以下とすることで可能になります。暖冷房消費エネルギーの小さい**Q 1.0 住宅**をつくるのは以下の工夫が必要です。

❶省電力な熱交換換気システム換気設備を使う

　平成28年省エネルギー基準以上の性能の住宅になってくると、換気で失われる熱の割合が大きくなります。室内外の温度差が20℃の場合、換気で失われる熱損失係数はおおよそ0.3 W／㎡kです。つまり、Q 1.0 住宅を

ヒートショック：急激な温度変化により体が大きな影響を受けること。暖かいリビングなどの居室から、北側のトイレ、浴室など室温の低いところに移動することで、体が温度変化にさらされ血圧が急変し、脳卒中や心筋梗塞などにつながるおそれがある。
Q1.0 住宅（きゅーわんじゅうたく）：現行省エネ基準の住宅が全室暖房する際に消費する暖房費を半分に削減するために必要な住宅性能を地域ごとに定めた指標。新住協が考案。

▶断熱強化と熱交換換気で暖房エネルギーは削減できる

第3種換気システムから第1種換気の熱交換換気システムに変更することで、大幅に熱損失を少なくし、暖房消費エネルギーを減らすことができます。同様に断熱性能を強化することでも暖房消費エネルギーを減らせます。

● 熱交換換気システムによる暖房エネルギー削減効果

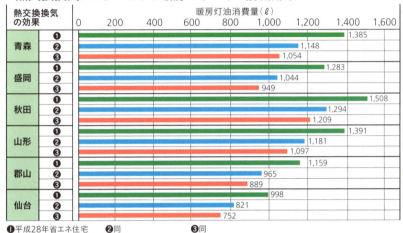

❶ 平成28年省エネ住宅（第3種0.5回／h換気）　❷ 同（50％熱交換気）　❸ 同（70％熱交換気）

● 断熱強化による暖房エネルギー削減効果

A　平成28年省エネ住宅
B　壁100mm 天井205mmに強化
C　壁145mm 天井300mmに強化
D　壁210mm 天井400mmに強化

出典：新住協＋鎌田紀彦室蘭工業大学名誉教授

つくるには、この換気で失われる熱量を減らす必要があるわけです。

熱回収率50%の熱交換換気システムならひと冬の灯油使用料に換算して約150ℓ、熱回収率70%なら同約210ℓ、熱回収率90%なら同約270ℓもの熱が回収できます。また、熱交換換気システムの導入費用（設備費＋施工費）は、熱回収率60%の換気システムで約40万円、熱回収率90%で約60万円です。熱交換換気システムは国内外に数多くの製品がありますが、日本製の直流（DC）モーターの製品は施工が簡単で比較的安価な設備なため、費用対効果が大きいです。

❷窓の断熱性能を上げ、南と東西の窓からの日射は冬に利用し夏に遮熱する

5・6地域では樹脂サッシ（PVC）枠のアルゴンガス入りLow-Eペアガラス、3・4地域では樹脂サッシ枠か木枠のアルゴンガス入りLow-Eトリプルガラスを使います。日射量が多い地域では日射取得量と換気負荷はおおよそ同じです。南面の窓を大きく、日射透過率がよいガラスで日射取得量を大きくし、室内側には断熱スクリーンを設け、夜や曇りの時に使用し熱損失を少なくします。夏はスダレや外付けブラインドや外付けシェードなどで日射の遮熱の工夫が必要です。

❸天井や壁などの断熱性能をできるだけ高める

断熱材は厚くしやすい天井や屋根から200㎜、300㎜と増やします。その次に外壁を厚さ50㎜、100㎜と付加断熱で増やします。また、南の大型窓には断熱ブラインドを取り付け、東西北の小型～中型窓にはアルゴンガス入りLow-Eトリプルガラスの木製サッシを使います。

❹冬の太陽熱や夏の夜の冷気を蓄えられるように熱容量を大きくする

熱容量が大きければその分蓄熱量が大きくなり、室温の安定や冬の日射取得熱、夏の夜の冷気が蓄えられます。具体的には、日射取得熱は基礎断熱のコンクリート部分に蓄熱され、夜にその6割程度が放熱されます。結果、暖房コストの削減にもつながります。

日射透過率（にっしゃとうかりつ）：太陽からの熱線（日射熱）が直接透過する率のこと。ガラスの日射遮蔽性能を示す数値として使われている。一般的に熱線反射ガラスなどは日射透過率が低い（日射遮蔽性能が高い）とされている。

▶3つの手法で暖房エネルギーを削減する

熱交換換気使用と開口部強化、断熱部強化の3つの手法を組み合わせることで、1／2、1／3、1／4と暖房消費エネルギーを減らすことができます。1／2はQ1.0住宅レベル1、1／3はQ1.0住宅レベル2、1／4はQ1.0住宅レベル3になります。

● 3つの手法（❶～❸）を組み合わせた暖房エネルギー削減効果

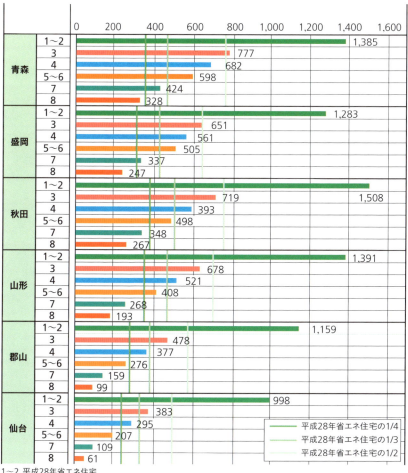

1～2　平成28年省エネ住宅
3　　換気50%熱交換（②）　開口部強化（b）　断熱部強化（B）
4　　同上　　　　　　　　　開口部強化（c）　同上
5～6　同上　　　　　　　　開口部強化（d）　同上
7　　同上　　　　　　　　　同上　　　　　　断熱部強化（C）
8　　同上　　　　　　　　　同上　　　　　　断熱部強化（D）　出典：新住協＋鎌田紀彦室蘭工業大学名誉教授

第1章　どのくらい断熱性能が必要なのか

これが西方設計の省エネルギー性能基準だ

　右ページの上のグラフは **HEAT20** がつくった諸外国の基準と日本の平成28年省エネルギー基準と HEAT20 の基準に西方設計の基準を加えたものです。諸外国の基準はほとんどが義務基準で、平成28年省エネルギー基準も当初の予定では 2020 年に義務基準になる予定でしたが、努力目標になりました。ただし、平成28年省エネルギー基準は各国基準と比べるとレベルが低いので、民間の HEAT20 の委員会が独自の基準をつくりました。

　右の表は平成28年省エネルギー基準、HEAT20 の G1、HEAT20 の G2 と西方設計の標準下限、Q1.0 住宅レベル 1 と西方設計標準、Q1.0 住宅レベル 2 と西方設計推奨の地域区分別の U_A 値と Q 値で性能を表しています。

　西方設計では 35 年以上の理論と実践から、地球環境に関して省エネルギーと二酸化炭素などのさらなる削減、住まい手の健康に関して各部屋の温度差が少なく暖かく涼しい、窓や外壁からの輻射熱を感じず心地よい室内環境をつくるために標準値と推奨値の 2 つのレベルを設けています。また予算が厳しい場合は下限値を設けていますが、下限値であっても HEAT20 の G2 レベルです。この仕様は 6 地域以西では断熱材は高性能グラスウールで屋根が厚さ 200㎜、外壁が厚さ 100㎜、床が厚さ 150㎜、窓がアルゴンガス入り Low-E ペアガラス - 樹脂サッシ、換気が 1 種の熱交換換気システムの仕様で特殊な工法を用いずに達成できます。G1 レベルは G2 レベルの仕様の熱交換換気システムを 3 種換気で達成でき、コスト的にも何の問題もないですが、地球環境や住まい手の健康のためには、西方設計推奨（Q1.0 住宅レベル 2 ）にしましょう。5 地域以西の仕様は外壁と床の断熱材を厚くし、それぞれを 200㎜ にすると U_A 値 = 0.28W／㎡ K でクリアします。

HEAT20（ひーとにじゅう）：2020 年を見据えた住宅の高断熱化技術開発委員会の略称。研究者や住宅・建材メーカーで組織される。同会が発表した HEAT20 G1・G2 は現行省エネ基準を上回る信頼性の高い住宅性能指標として、エコハウスや断熱住宅の設計者に広く認知されている。

▶各国と西方設計の基準

西方設計の標準住宅はQ1.0住宅レベル2で、その普及版の標準下限住宅はQ1.0住宅レベル1（HEAT20 G2と同等レベル）です。十分な省エネ効果が期待できる断熱性能として推奨しているのは推奨住宅（Q1.0住宅レベル3）です。

● 各国の断熱性能基準と西方設計の断熱性能値

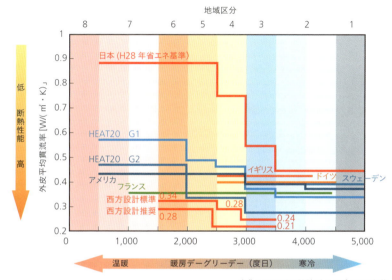

出典：HEAT20 設計ガイドブックに加筆

● 主な断熱性能と西方設計断熱レベル

断熱水準	地域区分							
	1	2	3	4	5	6	7
平成28年省エネ基準	0.46	0.46	0.58	0.75	0.87	0.87	0.87
	1.6	1.6	1.9	2.4	2.7	2.7	2.7
HEAT20 G1	0.34	0.34	0.38	0.46	0.48	0.56	0.56
	1.3	1.3	1.45	1.6	1.7	1.9	1.9
HEAT20 G2（西方設計下限）	0.28	0.28	0.28	0.34	0.46	0.46	0.46
	1.15	1.15	1.15	1.3	1.6	1.6	1.6
西方設計標準			0.28	0.28	0.34	0.34	
			1.15	1.15	1.3	1.3	
西方設計推奨			0.27	0.27	0.28	0.28	
			0.8	0.8	1.15	1.15	

上段が U_A 値、下段が Q 値

ZEHは真の意味で
ゼロエネルギーなのか

　ZEH（ゼッチ）とは、Net Zero Energy House（ネット・ゼロ・エネルギー・ハウス）の略で、住まいの断熱性・省エネ性能を上げつつ、**太陽光発電**などでエネルギーをつくることで、年間の一次消費エネルギー量の収支をプラスマイナス「ゼロ」にする住宅のこと。経済産業省が主導して作成された基準で、2020年までにZEHを標準的な新築住宅とすることを、2030年までに新築住宅の平均でZEHの実現を目指しています。

　ZEHは、以下の4点を達成する必要があります。

❶平成28年省エネルギー基準を満たしたうえで、U_A値が1・2地域：0.4［W／㎡K］相当以下、3地域：0.5［W／㎡K］相当以下、4〜7地域：0.6［W／㎡K］相当以下であること

❷平成28年省エネルギー基準で定められた基準一次エネルギー消費量（空調・給湯・照明・換気）から20％以上削減すること

❸太陽光発電システムなどの再生エネルギーを導入すること

❹太陽光発電システムなどの再生エネルギーで、基準一次エネルギー消費量をすべて賄うこと

　ただし、❶の性能で❹を賄うには、15〜20kWほどの巨大な容量の太陽光発電パネルを載せる必要があり、かなり設備過多な仕様となってしまいます。真の意味でゼロエネルギーを目指すのであれば、まず住宅性能を高めることで快適な冷暖房環境を維持しながら3kWなどの一般的な容量の太陽光システムでゼロエネルギーを達成するべきです。そのためには、少なくとも平成28年省エネルギー基準の2倍程度の性能をもつHEAT20 G2や新住協のQ1.0住宅レベル2の性能以上が望ましいです。

太陽光発電（たいようこうはつでん）：太陽電池を用いて太陽光を直接的に電力に変換する発電方式のこと。再生可能エネルギーのなかでも最も開発、普及が進んでおり、近年は中国が世界をリードしている。日本の住宅において主に屋根などに設置される太陽光発電モジュール（太陽光発電パネル）は、近年メーカー間の販売競争によって価格が低下しており、日本の補助金や売電の高価格維持政策は縮小傾向にある。

第 **2** 章

実例に学ぶ
エコハウスのつくり方

シンプル設備の超高断熱住宅
RealZEH・Q1住宅モデル能代

　2016年着工、同年末に完成したモデル住宅です。秋田県能代市の市街地の、比較的ゆったりとした区画に戸建住宅が立ち並ぶ場所にあり、角地で北と東に道路、南に隣家、西に筆者の自宅があったため、南側に庭を取り、そこに大きな窓を開けて日射を確保するような間取りとしました。

　断熱性能に関しては、外皮平均熱貫流率（U_A値）＝0.28W／㎡K、熱損失係数（Q値）＝0.98W／㎡Kの超高断熱仕様となっています。当初はこれ以上の断熱性能も考えましたが、厳冬期の平均気温がマイナス0.5℃程度で冬の日射量が少ない秋田県では、これ以上断熱性能を上げても費用対効果のメリットが少ないため、この断熱性能としました。冬の平均気温がより低い地域、もしくは冬の日射量が望める地域では、断熱性能をさらに高めるメリットがあります。

　南面の大開口のFIX窓部分には、シンガポールのセーフティーガラス社の「スーパーパッシブガラス3」（SPG3）を押し縁納めとし、開閉できる1・2階部分の両端には、同ガラス＋ライコの**アルミ中層断熱サッシ**を使用しました。スーパーパッシブガラス3は**アルゴンガス**入りLow-Eトリプルガラスで、熱貫流率（Ug値）は0.75W／㎡K、日射取得率（g値）は0.69。特筆すべきはその日射取得性能で、Low-Eトリプルガラスでこのg値はかなり高いといえます。またライコは、ドイツのアルミサッシを製造するメーカーで、アルミサッシの耐久性への評価が高まるヨーロッパで注目されており、今回試験的に使用しました。

　また、この窓には日射遮蔽対策として全面に、外付けブラインド「ヴァレーマ」を設置しています。夏や日射の多い日などはオーバーヒートしない

アルミ中層断熱サッシ（―ちゅうそうだんねつ―）：外部側の肉厚のアルミ枠が耐久性を保ち、室内側の肉厚のアルミ枠が構造を保ち、2つのアルミ枠の中間に断熱材が充填された高性能サッシ。
アルゴンガス：大気中に存在する希ガスの一つで、元素記号「Ar」でも表される。空気より熱伝導率が低いため、ペアガラスなどの中間層（板ガラスと板ガラスの間にある空気層）に充填され、ガラスの断熱性能向上に寄与する。

大きな窓と太陽光発電パネルをもつ家

日射が少ない日本海側でも、最大限に日射を活かすために、熱損失が小さく日射取得が大きく熱収支が大幅にプラスのスーパーパッシブガラス3を使った大窓は暖房機と考えられる。太陽光発電パネルが屋根材になっていて全面に使われている。家電を入れてもプラスエネルギーハウスになるということで、Real ZEH と称している

● 基本スペック

部位	断熱仕様	部位面積 A (㎡)	熱貫流率 U (W/㎡K)	係数 H (—)	熱損失 A・U・H (W/K)	熱損失係数 Q (W/㎡K)
屋根	高性能グラスウール24K 120＋286mm厚	67.56	0.098	1	6.614	0.050
外壁	高性能グラスウール24K 120＋235mm厚	153.67	0.130	1	19.908	0.150
基礎(立上り)	ビーズ法PSF1号(旧JIS:特号) 60＋60mm厚	66.25	—	1	22.321	0.168
基礎(土間下)	ビーズ法PSF1号(旧JIS:特号) 60mm厚					
開口部	超高性能アルミサッシ地窓＋SPG3 窓枠 Uf値=0.85W／㎡K 窓ガラス Ug値=0.75W／㎡K G値=0.69	47.38	—	1	44.483	0.336
換気	パッシブ換気	93.624	0.350	1	32.768	0.247
	相当延床面積	132.5	—	—	—	—
	住宅全体	—	—	—	126.095	0.952

Q値 0.952W／㎡K、C値 0.2㎠／㎡、U値 0.28W／㎡K、暖房負荷 22.63kWh／㎡、暖房消費一次エネルギー 22.63kWh／㎡（=COP2.7）、冷房負荷 5.80kWh／㎡ 冷房消費一次エネルギー 3.92kW／㎡（COP=4）、日射取得熱 747W、自然温度差 10.91℃

第2章　実例に学ぶエコハウスのつくり方

ように、日射量をこの**外付けブラインド**でコントロールしています。

　屋根には太陽光発電パネルとして「エコテクノルーフ」を設置しました。これは屋根材一体型の太陽光発電パネルで、パネル自体が屋根材を兼ねるものですが、さらに防火地域などで使用できる飛び火認定を取得しており、特別な下地などの必要はありません。また、通常の屋根材と同じように扱えるため、屋根材やルーフィング材を支持部材などが貫通する心配もなく、漏水の心配も極めて少ないです。

　今回は、10kwほどの容量の太陽光発電パネルを設置しましたが、予想では81,977MJ程度の発電量が考えられ、予想される年間消費エネルギー量67,143MJを差し引くと収支がゼロ以上となり、実際にも「ゼロエネルギー」が達成できると考えています。最初の冬からエネルギー収支は現状プラスで推移しており、余剰エネルギーは売電しています。

　暖房は1階の床下に設置されたエアコン1台（8〜10畳用）で家全体をまかなっています。この家では、設備もできるだけシンプルにということで、換気設備もパッシブ（自然）換気と非常にシンプルなものとしました。したがって、エアコンも1階の床下から基礎全体、そして室内に放熱され、家全体を温めるようになっています。そのため、南面の大きな窓廻りに吹抜けを設けたり、部屋の建具の上に欄間を設けたりするなど、設計上の工夫を行っています。なお、外から入ってくる冷たい空気がエアコンの熱ですぐに温められるように、自然換気の給気孔もエアコンの近くに設置しました。

　現状はエアコンを低速運転しながら1日中ほとんど温度差のない空間で快適に生活できています。個人的にはお風呂の快適性が格段に向上しており、浴室内も常に暖かいため、体を洗うなどの作業も快適で、浴槽の温度も下がりにくく、ついつい長湯をしてしまうそうです。夏は日射遮蔽と室内の熱の効果的な排出によって、エアコンなしで過ごしています。もちろん、今後の猛暑のことを考え、2階天井にエアコンの**ダクトスペース**は設けています。

外付けブラインド（そとづけ—）：窓の外側に取り付けたブラインドのこと。窓の外側で日射を遮ることができるため、通常の室内側のブラインドに比べて日射遮蔽効果が高い。
ダクトスペース：ダクト（風導管）を通す場所のこと。機械換気によって計画的に換気を行う場合、給排気のためのダクトを部屋中の天井に張り巡らせる必要があり、ダクトの直径に応じて天井裏などにそのためのスペースを確保しておく必要がある。

超高断熱性能とパッシブ換気

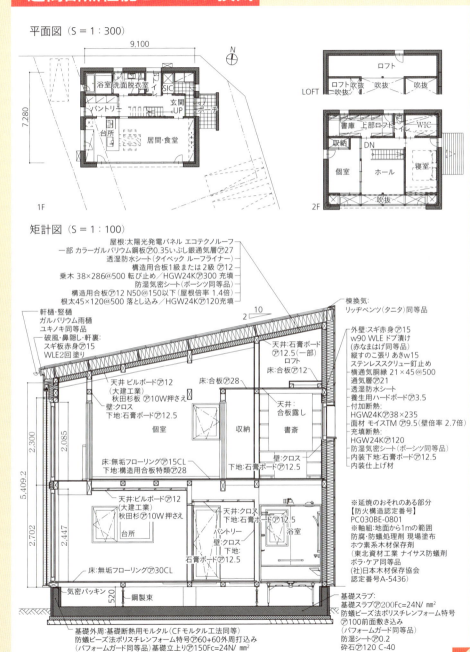

自然の景観と日射熱を取り込む
Q1住宅秋田旭川

2014年の秋、秋田市内の落ち着いた住宅地に建てられた若い夫婦と2人の子供のための住宅です。敷地は市街地の端のほうに位置し、周囲を川や山に囲まれており、春になると桜で満開になる桜並木が植えられた土手に面しています。したがって、その風光明媚な景観をうまく住宅に取り込むとともに、建ぺい率60%によって生まれた広い庭を生かしたプランニングが求められました。設計では敷地の北側に住宅を寄せて南側に庭を設け、玄関や車庫は北入りとしました。こうすることで、桜並木の土手がリビングの窓からよく見え、春からは夏にかけてはピンクや緑など色彩豊かな「借景」を楽しめます。

1階はLDKのほか浴室、洗面脱衣室、トイレなどの水廻りを配置。居間の北側に壁を設けて廊下とすることで、玄関からリビングを通らずに直接台所や水廻りにアクセスができる家事・生活動線を確保しました。

また、台所裏の食品庫には勝手口が設けられており、買い物の後は直接食品庫に荷物を置き、そのまま家に上がることも可能です。同様にガレージから室内に直接入ることができる動線も用意されています。その動線上には玄関に通じるシューズクロークも設けられています。

2階は個室を中心とした構成。寝室や子供部屋のほか、ご主人のための書斎、多目的に使われる和室、大きめのウォークインクロゼットなどが設けられています。1階と2階の間には大きめの階段ホールが設けられており、セカンドリビングとして活用されています。また、階段ホールの外側に設けられたサンルームは手前の窓を閉じれば半屋外スペースとしても利用でき、雨のかからない洗濯物干しなどに使われています。

サンルーム：外壁からせり出して設けられたガラス張りの温室のこと。寒冷地では古くから冬期の洗濯物干しや観葉植物の避難場所として積極的に設置されることが多い。

▶ 庇がない家の日射遮蔽対策

掃出し窓などの大開口部には外付けブラインドで日射の遮蔽や取得の調整と道路から室内が見えないようにした。そのほかの窓はコストを抑えるため、外付けシェードで日射遮蔽を行っている

● 基本スペック

部位	断熱仕様	部位面積 A (㎡)	熱貫流率 U (W／㎡K)	係数 H (−)	熱損失 A・U・H (W／K)	熱損失係数 Q (W／㎡K)
天井	吹込み用グラスウール400mm厚	104.62	0.126	1	13.195	0.084
外壁	高性能グラスウール24K100＋100mm厚	176.33	0.217	1	38.315	0.245
床	高性能グラスウール24K400mm厚	34.78	0.093	1	3.218	0.021
基礎(立上り)	ビーズ法PSF特号60＋60mm厚	70.38	−	1	29.845	0.191
基礎(底盤下)	ビーズ法PSF特号60mm厚					
開口部	アルゴンガス入りLow-Eトリプルガラス＋木製サッシまたはアルゴンガス入りLow-E ペアガラス＋木製サッシ	51.28	−	1	69.09	0.441
換気	ローヤル電機 SE200RS	359.94	−	1	14.118	0.09
	相当延床面積	156.49	−	−	−	−
	住宅全体	−	−	−	167.78	1.072

Q 値 1.07W／㎡K、C 値 0.4㎠／㎡、U 値 0.36W／㎡K、暖房負荷 23.00kWh／㎡、
暖房消費一次エネルギー 23.00kWh／㎡ (=COP2.7)、冷房負荷 3.80kWh／㎡
冷房消費一次エネルギー 2.57kWh／㎡ (COP=4)、日射取得熱 1,070W、自然温度差 10.71℃

断熱性能に関しては、事例名にQ1とうたっているように、外皮平均熱貫流率（U_A値）＝ 0.38W ／㎡K、熱損失係数（Q値）＝ 1.07W ／㎡K、の超高断熱住宅です。リビングには日射取得のために高透過ペアガラス（太陽熱利得係数G値＝0.74）を内蔵したアルスの3本の掃出し窓「夢まどエコスライド」（U値＝1.56W ／㎡K）を設置しました。また、屋根の庇をあまり出さないデザインとしたために、設備による日射遮蔽をしっかりと行う必要があり、リビングと食堂の4つの窓にはヴァレーマの外付けブラインドを、そのほかの窓にはガデリウスの横軸回転窓専用の外付け**オーニング**が取り付けられています。

暖房は床下に設置したエアコン1台（パナソニック「UXシリーズ4kW14畳用」）で家全体を温めています。床下に設置されたエアコンによって温められた空気が、床や造付け家具などに設けられたガラリから室内に流れ込み、家全体を温める仕組みです。また、各個室には換気ファン（パナソニック「ルームツーファン」）が設置されており、個室の扉を締めた状態でもオープンスペースの暖かい空気が各個室に流れ込むようになっています。

冷房は2階に設置したエアコン1台で行い、吹抜けや階段室を経由して家全体を冷やすようにしていますが、現状では日射遮蔽と通風だけで涼しく過ごすことができており、冷房用のエアコンは設置していません。

屋根には屋根材一体型の太陽光発電パネル「エコテクノルーフ」を3kW設置しました。屋根一体型の太陽光発電パネルを採用することで、通常の太陽光発電パネルと比べてパネル裏側の結露が少なく、また、通常の屋根と同じ納まりで仕上げられるため、一般的な太陽光発電パネルを設置する時のように屋根材に脳天釘打ちをする必要がないなど、漏水などの危険性が少ないです。

なお、断熱性能が高く冬の日射取得量も多いため、冷暖房のエネルギー消費量が極めて少なく、太陽光発電3kWで家全体の電力の大半を賄うことができているようです。

オーニング：出し入れ可能な庇形状の設備。欧米の商業施設のテラス席や住宅のデッキテラスの日射を遮るために使われている。太陽高度に合わせて長さを調整しながら日射を遮ることができるため、固定の庇より日射遮蔽効果が高い。

スキップフロアも用いた変化のあるプラン

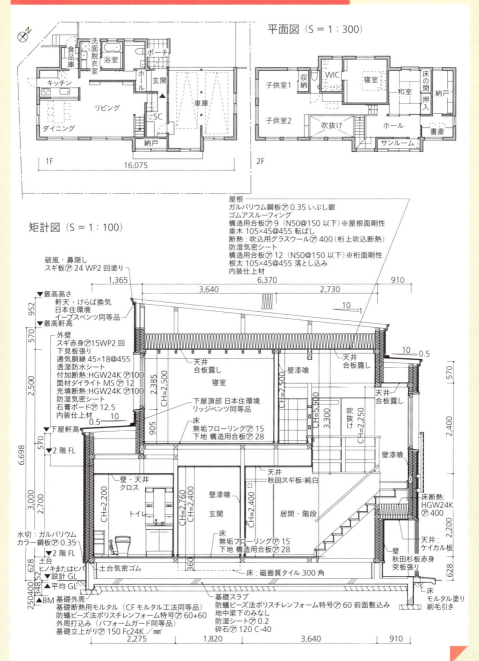

第2章 | 実例に学ぶエコハウスのつくり方

準防の都市型エコハウス
Q1住宅川崎貝塚

　建て主が住宅を新しく建てる際に、建築に詳しい友人に相談、筆者が紹介され設計を依頼、2017年の春に竣工した住宅です。敷地のある川崎市川崎区貝塚は川崎駅から徒歩圏内の住宅エリアで、低層のビルや集合住宅と戸建住宅などが混在している地域です。また、準防火地域でもあるため、防火上の規制を受けます。

　川崎市川崎区は平成28年省エネ基準の6地域で太平洋側に面しているため、冬は日射による熱取得が期待できる一方、夏は夏日（平均気温25℃以上）が長期にわたるため、窓を開けられないような日が続きます。そのため、冬だけでなく夏の対策が重要になってきます。

　プランはプライバシー確保などの観点から、1階を個室や水廻りなど、2階をLDKとした「逆転プラン」の構成にしました。1階は広い土間をもつ玄関の脇に多目的の和室を設け、その奥に寝室、洗面脱衣室、浴室などの水廻りを配置しました。玄関の奥にはシューズクロゼットも設けられており、自転車やアウトドア用品など外から持ち込むものを数多く収納できるようになっています。

　2階はLDKと小上がりの3畳の和室というシンプルな構成です。南面に設けた大きな窓とバルコニーをもち、室内に明るさを確保しています。また、バルコニーのほかにサンルームが設けられており、洗濯物干し場として利用できます。

　断熱性能に関しては、外皮平均熱貫流率（U_A値）＝ 0.43W／㎡K、熱損失係数（Q値）＝ 1.3W／㎡K です。屋根は屋根断熱として垂木間とその上に断熱充填用の垂木を設けて高性能グラスウール 16K を合計 210㎜厚充

準防地域の防火基準をクリアする

2階に全面ガラス張りのLDK、1階に個室と玄関と水廻りを配置。1階の南面の窓は赤いガルバリウム鋼板の造作防火戸、2階は防火シャッターを使っている。外壁は準防火地域ながら赤ナマハゲ秋田杉のファサードラタン

● 基本スペック

部位	断熱仕様	部位面積 A (㎡)	熱貫流率 U (W/㎡K)	係数 H (―)	熱損失 A・U・H (W/K)	熱損失係数 Q (W/㎡K)
天井	高性能グラスウール16K 200㎜厚	52.24	0.231	1	12.067	0.118
外壁	高性能グラスウール16K 100㎜厚	142.34	0.409	1	58.187	0.567
オーバーハング床	高性能グラスウール16K 300㎜厚	1.66	0.164	1	0.272	0.003
基礎(立上り)	ビーズ法ポリスチレンフォーム特号 60+60㎜厚	52.17	―	1	15.157	0.148
基礎(底盤下)	ビーズ法ポリスチレンフォーム特号 60㎜厚					
開口部	アルゴンガス入りLow-Eトリプルガラス+防火窓アルゴンガス入りLow-Eペアガラス+造作FIX窓アルゴンガス入りLow-Eトリプルガラス	28.86	―	1	35.85	0.349
換気	ローヤル電機 SE200RS	34.05	0.35	1	11.918	0.116
相当延床面積		102.68	―	―	―	―
住宅全体		―	―	―	133.45	1.3

Q値 1.30W/㎡K、C値 0.4㎠/㎡、U値 0.44W/㎡K、
暖房負荷 16.27kWh/㎡、暖房消費一次エネルギー 16.27kWh/㎡ (=COP2.7)
冷房負荷 9.72kWh/㎡、冷房消費一次エネルギー 9.72kWh/㎡ (COP=4.0)
日射取得熱 557W、自然温度差 7.75℃

填、壁は柱間に同材を 16K100mm 厚充填しました。基礎は立上りの内外に防蟻剤入りのビーズ法ポリスチレンフォーム 50mm 厚を張り、基礎スラブ下には同 60mm 厚を全面に敷き詰めています。

このように付加断熱をしていないということもあり、特段ハイスペックというわけではないですが、冬にかなりの日射取得が期待できるため、このレベルの断熱性能でも十分に暖かく過ごせます。なお、ZEH 住宅として計画しませんでしたが、計算上 3.8kW の太陽光発電パネルを設置することで ZEH 基準をクリアすることができます。

準防火地域ということもあり、窓は基本的に防火戸でなくてはなりません。小さい腰窓などは防火窓の樹脂サッシ＋アルゴンガス入り Low-E ペアガラス（APW330 防火窓・熱貫流率 U 値＝ 1.3W ／㎡ K）とし、南面は窓を大きく取るため製作したスチール製の防火雨戸もしくは防火シャッターに、高性能の樹脂サッシ＋アルゴンガス入り Low-E トリプルガラス（APW430・**熱貫流率** U 値＝ 0.95W ／㎡ K）を組み合わせました。

冷暖房は 1 階階段下の廊下と 2 階のリビングにそれぞれ設置した 10 畳用エアコン 2 台ですべてまかないます。エアコンの温度を冬は 21 〜 22℃、夏は 26℃ にそれぞれ設定し、常時運転することで家全体の温度を一定に保ちますが、外気温の状況によってはエアコン 1 台だけの稼働でも十分快適に過ごすことができます。また、冬はかなりの日射取得が期待できるため、日中はほとんどエアコンを稼働させないことも想定されます。夏は日射遮蔽をしっかりと行えば、全室冷房でも冷房費が 5 千円／月を上回ることはないと考えられます。

この住宅では、特別なダクティングや換気設備などの設備を極力使わず、階段室やガラリ、欄間などで家の隅々まで暖冷気が行き渡るよう、設計上の工夫がなされています。

都市部の規制の多い条件下で、比較的控えめの予算ながら、太陽の熱を利用して光熱費のかからない安全で快適な住宅が実現しました。

熱貫流率〔ねつかんりゅうりつ〕：熱貫流率とは壁や天井などいろいろな材料で構成された部位の熱の伝えやすさを表した値。U 値（ゆーち）ともいい、単位は W ／㎡・K。熱の伝えやすさを表わす数値としては熱伝導率があるが、熱伝導率は材料そのものを評価する数値であるのに対し、熱貫流率は材料の厚さも含め、複数の材料の複合として評価する。

▶ シンプルな総2階のコンパクトな家

平面図
（S＝1:300）

東側の居間から西側の食堂とキッチンを見る

西側のキッチンから東側の食堂と居間を見る

矩計図（S＝1:100）

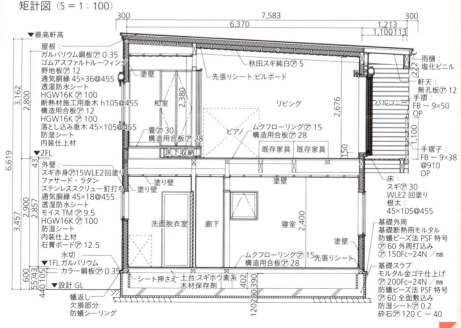

第2章　実例に学ぶエコハウスのつくり方　　049

CO_2を減らし続けるLCCM住宅
月寒西モデルハウス

　札幌市の工務店、棟晶のモデルハウスです。住宅はモデルハウスとして短期間使用した後、速やかに売り切ることを前提に計画されたため、魅力的な価格や立地で販売することが求められました。そのため、設備や外構も含む販売価格（建物）2,500万円程度を想定、立地も地下鉄も通る緑豊かな住宅エリアである札幌市豊平区月寒地区が選ばれました。

　断熱性能は、外皮平均熱貫流率（U_A値）＝0.15W／㎡K、熱損失係数（Q値）＝0.76W／㎡K。現行省エネ基準を大幅にクリアする超高性能住宅です。省エネ基準の2地域である札幌でこのレベルの性能であれば、11月くらいまでは暖房が必要なく、12〜3月くらいであっても晴れの日であれば日中の太陽の日差しによる**ダイレクトゲイン**によって、日中は家全体で暖房を必要としないで過ごすこともできます。

　屋根は屋根形状に応じて断熱材を替えています。屋根の大半を占める陸屋根部分は、ロックウール25K600㎜厚を吹き込み、塔屋状の勾配屋根は施工上の理由からウレタンフォーム426㎜厚を現場発泡で施工しています。壁は押出法ポリスチレンフォーム100㎜厚を柱間に充填し、その外側に付加断熱の下地を組んで同200㎜厚を施工、合計300㎜厚の超高断熱壁となってます。基礎は立上りの内外に防蟻剤入り押出法ポリスチレンフォーム100㎜厚を張り、基礎スラブ下には同100㎜厚を全面に敷き詰めています。

　窓はすべてLIXILの樹脂サッシ＋アルゴンガス入りLow-Eクアトロ（4層）ガラスのプロトタイプを採用しました。これは棟晶が開発にかかわったモデルで、この住宅で実験的に採用したものです。LIXILで発売されている5層ガラスの製品に比べて断熱性能はやや劣るものの、大幅な軽量化と日射

ダイレクトゲイン：窓から入ってくる日射（太陽熱）を床、壁、天井などに蓄熱し、そこから放熱することで部屋を温めること。η値（いーたち）＝日射熱取得率の高い窓ガラスを使う、コンクリート、タイル、レンガ蓄熱しやすい材料を床や壁に使うとその効果が大きくなる。

▶外壁の太陽光発電パネルが特徴的

LCCMとZEHの住宅。太陽光発電パネルは屋根面だけでは足りなく、南面外壁上部に設置

● 基本スペック

部位	断熱仕様	部位面積 A (㎡)	熱貫流率 U (W/㎡K)	係数 H (－)	熱損失 A・U・H (W/K)	熱損失係数 Q (W/㎡K)
屋根	吹付現場発泡ウレタン 426mm厚	21.18	0.104	1	2.210	0.022
天井	ロックウール吹込み25K 600mm厚	37.68	0.082	1	3.105	0.031
外壁	押出法ポリスチレンフォーム断熱材3種aD 105+100+100mm	175.22	0.096	1	16.790	0.168
床	吹付現場発泡ウレタン 260mm厚	15.73	0.181	1	2.845	0.028
基礎(立上り)	押出法ポリスチレンフォーム断熱材3種aD 100+100mm	42.23	－	1	15.539	0.155
基礎(底盤下)	押出法ポリスチレンフォーム断熱材3種aD 100mm					
基礎(外壁)	押出法ポリスチレンフォーム断熱材3種aD 100+100mm	1.46	0.107	1	0.156	0.002
開口部	アルゴンガス入りLow-Eクワトロガラス+樹脂サッシ	25.03	－	1	18.792	0.188
換気	フレクトウッズ社RDKR-KS	138.47	－	1	16.874	0.168
	相当延床面積	100.20	－	－	－	－
	住宅全体	－	－	－	76.311	0.762

Q値 0.76W／㎡K、C値 0.2㎠／㎡、UA値 0.15W／㎡K
暖房負荷 54.50kWh／㎡、冷房負荷 4.10kWh／㎡、日射取得熱 353W

取得率を達成しています。なお、やや劣ると述べましたが、平均U値＝0.65W／㎡K、国内メーカー品では抜きんでた数値であることに変わりありません。

また、玄関にも棟晶が開発にかかわったLIXILのプロトタイプの断熱ドアを採用。玄関ドア周囲のパッキンに断熱・気密対策の工夫が加えられており、熱貫流率もUf値0.6〜0.65（Ug値0.45〜0.5）と極めて高いです。

冷暖房は、1階の天井裏に設置したアメニティエアコン1台で家全体をまかないます。アメニティエアコンはダクトと組み合わせて各部屋を冷暖房する空調設備で、通常のエアコンの全室冷暖房に比べ、家全体をムラなく冷やしたり温めたりすることができます。特に閉鎖的な間取りや、大きな吹抜けが取れない間取りなどでは効果的です。

また、ダクト配管を利用して、浴室の水蒸気をダクトに送り込めるようにしています。超高断熱住宅では冬期に室内の湿度が下がり、過乾燥になることが多いため、冬期に限り、浴室の水蒸気を各部屋に拡散させて、室内の過乾燥を抑えています。なお、フレクト社の熱交換換気システムを採用したのも、同社の換気ダクトがアルミ製で水蒸気の通過に耐えられると考えたためです。

この住宅では太陽光発電パネルが8.7kW施工されています。この太陽光発電パネルで大半の電気設備のエネルギーをまかなえます。将来的に大容量の蓄電池を導入できたら、電力会社から電気を買わずに自給自足できる「オフグリッド」が可能なように計画されています。ちなみに、壁にも発電パネルを設置していますが、これは屋根に雪が積もった状態でも発電できるように配慮したものです。

超高断熱の性能をもちながら、自然素材を多用し、さらに太陽光発電などでエネルギーの自給自足も可能にしたLCCM住宅（Life Cycle Carbon Minus：太陽光発電などの再生可能エネルギーの創出により、ライフサイクル全体でのCO_2収支をマイナスにする住宅）です。

過乾燥（かがんそう）：冬など気温が低い時に、暖房などで室温を上げることで室内の飽和水蒸気量が上昇し、それによって室内の水蒸気の割合（湿度）が下がるが、その湿度が30％前後になると過乾燥と言われる。住宅の断熱・気密性能によらず、すべての住宅で起こりうる現象。過乾燥を防ぐには、飽和水蒸気量の上昇に合わせて、浴室の湯気を家中に開放する、洗濯物を干す、加湿器を設置するなど室内に水蒸気を増やす工夫を行う必要がある。

▶ コスパのよい超高断熱性能の家

2階居間の南面の大窓は4枚ガラス

第2章 | 実例に学ぶエコハウスのつくり方

木造の高断熱公営共同住宅
能代市営松山町住宅

　能代市の市営住宅として計画された住宅です。2015年3月に松山町第1住宅として5棟12世帯、松山町第2住宅として5棟18世帯が、同市末広地区にそれぞれ建てられました。

　同地には元々コンクリートブロック造の市営住宅が建てられていましたが、老朽化し建て替えの必要が出てきたため、能代市は基本設計業務をプロポーザル形式で公募しました。そこで、私が代表理事を務めている設計チーム木協同組合（チーム木）でプロポーザルに挑戦することになったのです。

　プロポーザルは、在来木造の2階建てを前提とし、募集要項にはパッシブデザインなども言及されており、チーム木にとって最も得意とする要件でした。2社ほどによる競合となったのですが、秋田杉を多用したデザインと構造、太陽熱を生かしたパッシブデザイン、突出した断熱性能が高評価を得て、無事選ばれることになりました。

　松山町住宅は、主にファミリーなどを対象とした住戸と、単身者を対象とした住戸が用意されており、部屋割りなどはいくつかのパターンに分類されています。一方で、玄関脇には物置が共通して設けられているほか、共用部としてバルコニーもしくはデッキテラスも用意され、各住戸は内廊下などでつながっています。

　外壁や屋根の下地には「アミパネル」を使用しました。これは能代市の企業である相澤銘木が製造しているパネル材で、秋田杉の板材を網目状に組んで、通気性と耐震性を付与したものです。外壁にすぐ内側に施工することで通気胴縁を省略できるため、工程上のメリットもあります。国土交通大臣認定の壁倍率は、長さ2,900㎜が4.6、2,700㎜が4.0となっています。

▶ 板張りの低層木造共同住宅

夏の日射遮蔽は、2階は長い庇、1階はバルコニーで行っている。外壁は耐久性のある赤ナマハゲ秋田杉張り

● 基本スペック

部位	断熱仕様	部位面積 A (㎡)	熱貫流率 U (W/㎡K)	係数 H (−)	熱損失 A・U・H (W/K)	熱損失係数 Q (W/㎡K)
天井	高性能グラスウール16K 150㎜厚	83.00	0.300	1	24.875	0.156
外壁	高性能グラスウール16K 100㎜厚	326.58	0.426	1	139.123	0.875
床	−	−	−	−	−	−
基礎(立上り)	ビーズ法ポリスチレンフォーム特号 60㎜厚	79.7	−	1	28.193	0.177
基礎(底盤下)	ビーズ法ポリスチレンフォーム特号 30㎜厚					
開口部	アルミ樹脂複合断熱サッシ Low-E複層ガラス	40.78	−	1	105.186	0.662
換気	第3種　0.5回／h	449.86	−	1	78.726	0.495
相当延床面積		158.98	−	−	−	−
住宅全体		−	−	−	**376.103**	**2.366**

Q値 2.36W/㎡K、C値 0.90㎠/㎡、U値 0.49W/㎡K
暖房負荷 79.40kWh/㎡、暖房消費一次エネルギー 79.40kWh/㎡（=COP2.7）
冷房負荷 6.50kWh/㎡、冷房消費一次エネルギー 3.92kWh/㎡（COP=4）
日射取得熱 866W、自然温度差 4.27℃

また、高い防音性が求められる共同住宅だったため、戸境となる床には石膏ボードやロックウール、パーティクルボード、制振シートなどで構成された防音床を設置しました。

　また、界壁は防音性に加えて防火性（60分準耐火構造）も求められたため、両面ボード用原紙張りガラス繊維混入石膏ボード、強化石膏ボード、グラスウールなどで構成される壁を設けました。

　なお、外壁仕上げは、赤ナマハゲ秋田杉板張り、洋室の天井は準不燃処理が施された秋田杉板張り、和室の天井も同敷目板張りとしました。防音が要求されない通常の床は施工の合理化を考えて、秋田杉40mm厚を幅はぎで組んでパネル化したものを工場で製作し、床組に直接敷いて下地と仕上げを一発で完了できるようにしました。

　断熱性能に関しては、計画の段階で外皮平均熱貫流率（U_A値）= 0.4W／㎡K、熱損失係数（Q値）= 1.5W／㎡Kほどを考えていましたが、外部から「公営住宅にしては性能が高すぎる」という指摘を受けたため、実際にはU_A値= 0.49W／㎡K、Q値= 2.36W／㎡Kと控えめな性能となっています。とはいえ、公営住宅としてはかなり高い断熱性能です。

　窓はLIXILのアルミ樹脂複合サッシ＋Low-Eペアガラス（熱貫流率U値= 2.33W／㎡K）、玄関にはコシヤマの断熱ドア（熱貫流率U値= 2.33W／㎡K）を採用しました。なお、玄関ドアは一部を車椅子対応として引戸にしています。

　募集要項にもあったパッシブデザインについては、南面にサンルームを設け、そこで温められた空気を室内に取り込むことで部屋全体が暖かくなるように計画していましたが、断熱性能を提案時から下げた時と同じく「公営住宅にしては」という指摘によって通常のバルコニーとなりました。なお、夏はバルコニーの庇で日射遮蔽をしっかりと行えるのに加え、棟近くに設けた高窓によって、室内の熱を外部に効率的に放出でき、エアコンなしでもある程度快適に過ごせるようになっています。

パッシブデザイン：冷暖房設備や換気設備を極力使わずに、太陽の光や熱、地中熱、風といった自然エネルギーを最大限に活用して、快適な家づくりをしようとする設計思想・設計手法のこと。

公営住宅としては画期的な断熱性能

平面図（S＝1：300）

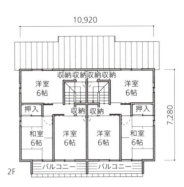

矩計図（S＝1：120）

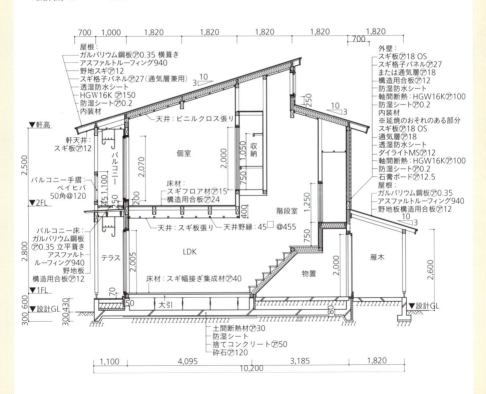

L型の大開口をもつZEH住宅
Q1住宅秋田楢山

　2018年初秋に着工、2019年春に完成した、若い夫婦とこれから誕生する子供のための住宅です。敷地は市街地エリアの端でありながら周囲を山々に囲まれ、四季折々美しい姿を見せてくれます。プランニングでは、建て主の要望に加え、その豊かな周辺環境を生かすこと、また敷地が西に58度に振れており、開口部の位置や大きさ、建物の形状を上手に整え、室内環境を良好に保つことを重視しました。

　そこで、まず敷地の西南側に庭を設け、南側の隣家から離すことで、落雪場所と南からの採光を確保しました。また、野山の景観と南からの日射を求め、野山の正面となる西南側に、吹抜けを活かした1階から2階へと続くL型の大開口を設けています。大開口には、夏の日射遮蔽のために外付けシェードを設けました。開口部の形状を活かし、土間をL型に配置し、吹抜けを大きな窓に沿うように階段を設け、2階のシェードの操作を容易にしています。2層の大開口や野山の途切れることのない借景と十分な採光をもたらし、吹抜けが1階と2階をつなげる、27.3坪とコンパクトながら大らかな住まいとなりました。

　断熱性能は、U_A値＝0.317W／㎡KＱ値＝1.035W／㎡KのQ1.0住宅レベル2に該当します。開口部には、2Low-Eトリプルガラスを内蔵した「トリプルシャノン」を採用。庇や**外付けシェード**で日射遮蔽を行います。

　換気設備には、熱回収・水蒸気回収回転型熱交換換気システムの「RDKR」（ガデリウス・インダストリー）を採用し、浴室などの生活の中で排出される水蒸気が活用しながら、冬は相対湿度45～50%、夏は相対湿度

外付けシェード（そとづけ—）：簾のように遮光性のある布を窓の外側に垂らして日射を防ぐ設備。洋風簾、サンシェードともいわれる。外付けブラインドに比べるとかなり安価であり、日射遮蔽性は外付けブラインドに劣らず高いため、欧米などでは広く普及している。

▶ 周囲の景観を取り込むように窓を配置

大きなガラス面は日射取得と借景を得ている。日射遮蔽は外付けシェード

緑豊かな借景の大開口部に沿った階段が土間と共に設置されている

2階から吹抜けを見下ろす。大きな吹抜けは家全体の温度の均一化に貢献する

● 基本スペック

部位	断熱仕様	部位面積 A (㎡)	熱貫流率 U (W/㎡K)	係数 H (-)	熱損失 A·U·H (W/K)	熱損失係数 Q (W/㎡K)
屋根	高性能グラスウール20K105+210mm厚	55.06	0.124	1	6.846	0.073
外壁	高性能グラスウール20K105+105mm厚	127.62	0.19	1	24.226	0.527
基礎(立上り)	ビーズ法PSF特号60+60mm厚	55.06	—	1	16.896	0.179
基礎(底盤下)	ビーズ法PSF特号60mm厚					
開口部	アルゴンガス入り2Low-Eトリプルガラス+樹脂サッシ	39	—	1	39.758	0.421
換気	ガデリウス・インダストリー株式会社 RDKR	28.34	0.35	1	9.921	0.105
	相当延床面積	94.37	—	—	—	—
	住宅全体	—	—	—	**97.65**	**1.035**

Q値 1.035W／㎡K、C値 0.26c㎡／㎡、U値 0.32W／㎡K
暖房負荷 (21-21) 33.14kWh／㎡、暖房一次消費エネルギー 33.14kWh／㎡ (COP=2.7)
冷房負荷 3.57kWh／㎡、冷房一次消費エネルギー 2.41kWh／㎡ (COP=4.0)
日射取得熱479W、自然温度差 9.37℃

60% に保たれるようにしています。加えてメンテナンスを考慮し、ダクトが最短距離で済むようにプランニングし、1階に壁掛けの熱交換器を設け、給気ダクトは床下に吹き出す 2m ほどのものを 1本とすることで、掃除、メンテナンスを容易にしました。

　暖房にはフルオープンな間取りに最適な床下エアコン（日立 XK シリーズ 14 帖用）を採用、1台で家全体を暖めます。また、2階廊下には補助冷暖房用に 8帖用のエアコンを 1台設け、夏場、吹抜けを介して家全体を冷やします。

　屋根には、屋根材一体型の太陽光発電（カナメソーラー）を 7.67kW 設置しています。設計値で年間 66,289MJ 程度の発電量に対し、予想される年間消費エネルギーが 67,898MJ のため、家全体のほぼすべての電力を賄う計画となります。また、主な居室の冷暖房として、2階廊下に設けたエアコンを採用することで、ZEH（ゼロエネルギー住宅）の条件を達成しています。

　外壁は耐候性の大きい厚さ 18mm の赤ナマハゲ秋田杉ウッドロングエコ塗りを採用しています。赤ナマハゲ秋田杉板 は 60 年生の秋田杉板の耐候性が大きい赤身のみの板のみを使用し、耐久性が小さい白太は混ぜていません。ウッドロングエコは秋田杉板に含まれるタンニンと反応して黒くなり、数年でグレーとなります。また、タンニンは防腐性に優れているため、さらに耐久性が増します。

　床板は 1階が厚さ 30mm、2階が厚さ 15mm のスギ板を採用しました。1階と 2階の天井は吸音仕様とし、厚さ 12mm のビルボード（軟質繊維板）の上に秋田杉の白太だけで揃えた秋田純白美人のスギ板を目透しで施工することで、高断熱住宅によく見られる反響音を減らすと同時に、目地が通り繊細な印象の空間になります。内外装とも無垢のスギ板を使うことで、美しい経年変化が楽しめます。

　周辺環境、敷地条件、要望を十二分に活かし、冬暖かく夏涼しい、デザインやメンテナンスも含めて長期的な持続を見据えた住宅となりました。

大きな土間をもつオープンな間取り

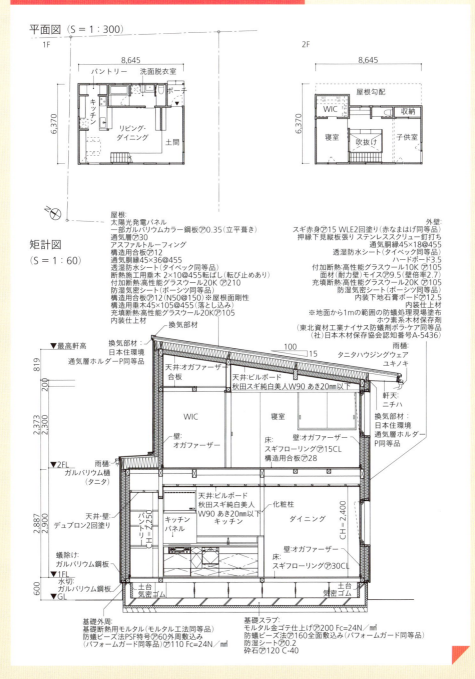

準防の都市型エコハウス
Q1住宅能代住吉

　2018年春に着工、2018年秋に完成した住宅です。能代駅近くの市街地の中心地に建つ住宅は、若い夫婦と将来の子供、そしてご両親の宿泊にも対応した住まいです。

　敷地は南側に道路が接しており、そこに面して駐車スペースと庭を確保しました。1階は居間と食堂、2階は寝室と将来の子供部屋を南側に配置し、水廻り、階段、和室、収納、書斎などは北側に配置しています。また、階段下にトイレを収めるなど、無駄なく空間を使っています。単純明快な間取りでありながら、キッチンを対面にするなどして必要な回遊性を確保しました。1階の南面の掃出し窓の外には縁側を設け、庭に出やすくしたほか、2階の南面にはバルコニーを設け、布団などの大きな洗濯物も干すことができます。2階のバルコニーは、1階南面窓の庇の代わりにもなります。

　準防火地域に該当していたため、そのままでは窓はすべて防火戸にしなくてはなりません。1階は防火仕様の袖壁を設けることで延焼ラインをカット、2階は防火シャッターを設けることで、1階と2階ともに南面に通常のトリプルサッシ（APW430）を採用できました。なお、防火袖壁は西日の強い日差しを遮る役割もあり、これによって南面は年間を通して有効な日射取得・遮蔽と、住宅の断熱性能に見合った性能のサッシを使うことができました。また、窓の室内側には**ハニカムスクリーン**を取り付け、暖房効率、冷房効率を向上させます。

　断熱性能は、外皮熱貫流率（U_A値）= 0.32W／㎡K、熱損失係数（Q値）=1.023W／㎡Kの Q1.0 住宅レベル2に該当します。壁断熱210mm厚、屋根断熱315mm厚の断熱仕様に見合うように、窓の断熱性能も強化。先ほ

ハニカムスクリーン：ハニカム（蜂の巣）構造に生地を加工することで保温性をもたせたロールスクリーン。窓の内側に設置して、窓から熱が逃げるのを抑える。光を透過するものと遮光するものがある。

▶ 大きな開口部と袖壁が特徴的な外観

1階の掃出し戸と玄関ドアは防火袖壁で延焼のおそれの距離から逃れている。2階は防火シャッターで対応。夏の日射遮蔽は、2階は長い庇で1階はバルコニーで行っている。外壁は準防火地域ながら耐久性がある赤ナマハゲ秋田杉板張り

● 基本スペック

部位	断熱仕様	部位面積 A (㎡)	熱貫流率 U (W/㎡K)	係数 H (−)	熱損失 A・U・H (W/K)	熱損失係数 Q (W/㎡K)
屋根	高性能グラスウール20K105+210mm厚	57.29	0.124	1	7.123	0.07
外壁	高性能グラスウール20K105+105mm厚	145.1	0.19	1	27.544	0.271
基礎（立上り）	ビーズ法PSF特号60mm厚	55.2	−	1	21.277	0.209
基礎（底盤下）	ビーズ法PSF特号60mm厚					
開口部	アルゴンガス入りLow-Eトリプルガラス+樹脂サッシ、アルゴンガス入りLow-Eペアガラス（防火）+樹脂サッシ	29.23	−	1	34.129	0.336
換気	ガデリウス・インダストリー株式会社 RDKR	39.62	0.35	1	13.866	0.137
相当延床面積		101.57	−	−	−	−
住宅全体		−	−	−	**103.94**	**1.023**

Q値 1.023W／㎡K、C値 0.4c㎡／㎡、U値 0.32W／㎡K
暖房負荷（21-21）36.06kWh／㎡、暖房一次消費エネルギー 36.06kWh／㎡（COP=2.3）
冷房負荷 4.09kWh／㎡、冷房一次消費エネルギー 2.76kWh／㎡（COP=4.0）
日射取得熱 472W、自然温度差 8.63℃

どの南面窓の APW430 もほか、小窓にも防火サッシ（APW330 防火窓）を採用しました。

　換気設備には、熱回収・水蒸気回収回転型**熱交換換気**システムの RDKR（ガデリウス・インダストリー）を採用しました。2 階のウォークインクロゼットに壁掛けの熱交換器を設け、給気ダクトは床下に吹き出す長さ 6 m ほどのものを 1 本とし、浴室などの各部屋の生活の中で排出される水蒸気が活用して、相対湿度は冬に 45 〜 50％、夏は 60％に保たれる計画としています。冷暖房には、床下エアコン（日立 XK シリーズ 14 帖用）を採用し、家全体を暖め、2 階個室には補助冷暖房用にエアコン（日立 AJ シリーズ 10 帖用）を 1 台設け、夏場は階段部分の吹抜けを介して家全体を冷やします。

　2018 年冬にお伺いしたところ、室内の各部屋は 20 〜 22℃、湿度は 45％ 前後に保たれ、快適な室内空間が実現されていました。1 階の南面窓に取り付けたハニカムスクリーンも採光タイプとしたことで、道路側からの視線を遮りながら、障子を閉めた時のような柔らかい光を室内に拡散させます。

　スクエアでシンプルな形状の住宅ですが、袖壁、バルコニー、縁側を設けたことで外観にも変化が生まれました。外壁の仕上げには、母屋には耐候性に優れる厚さ 18㎜の 赤ナマハゲ秋田杉ウッドロングエコ塗りを、下屋にはガルバニウム鋼板を採用しています。経年でグレーへと変化してく秋田杉とガルバリウム鋼板の色合いのコントラストが楽しみです。

　床板は標準仕様の 1 階が厚さ 30㎜、2 階が厚さ 15㎜の杉板を採用、南側のメインの居室の天井は吸音仕様とし、厚さ 12㎜のビルボード（軟質繊維板）の上に、秋田杉の白太だけで揃えた秋田純白美人のスギ板を目透しで施工しています。

　間取りがシンプルであったぶん、生活スタイルに合わせた造作家具を設えることで、内装に変化が生まれるとともに、より暮らしやすい住まいとなりました。

熱交換換気〔ねつこうかんかんき〕：住宅は換気することで、空気と一緒に熱も外に排出されるが、これが大きな熱損失になる。この熱を使って外気〔新鮮な外部の空気〕を温めることで、熱を回収する熱交換換気設備がつくられた。熱と一緒に排出される水蒸気を回収する全熱型、そのまま水蒸気を排出する顕熱型がある。

▶ 総2階を基本としたシンプルな住宅

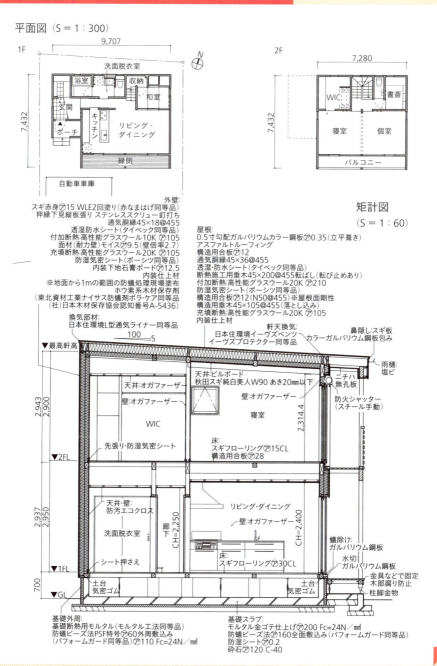

第2章 | 実例に学ぶエコハウスのつくり方

築20数年の木造高断熱建築
芝置屋根のアトリエ

　芝置屋根のアトリエは1993年、その時点での筆者の仕事の集大成として設計されたものです。

　独立して事務所を立ち上げて10年以上が経過し、その間、ドイツ・スイス発のエコロジー・**バウビオロギー**の考え方にもとづき、高断熱・高気密住宅を数多く設計、実績を重ねていました。現在の住宅にも受け継がれている高断熱・高気密の考え方や、既製品を使った床下暖房、スギ板張りの外壁などは、22年前のこの建物ですでに採用されており、その設計思想は当時から一貫しています。なお、この年に西方設計工房から西方設計に名称変更しています。芝置屋根を設計するうえで最大の難関となったのは、1,200万円という予算でした。10年を超える実績があるとはいえ、まだ知る人ぞ知る地域の設計事務所であり、事務所の建物にそれほど多額の予算をかけられる余裕はなかったためです。

　一方で当時考えうるエコロジー建築のアイデアはできるだけ採用する必要がありました。秋田県など北東北では当時最高スペックの高断熱・高気密性能、秋田杉の外壁、内装の壁・天井のパイン、FF式石油ストーブによる床下暖房、屋根緑化などです。木材に防腐剤・防虫剤を使わないことや、地熱利用、地下水利用、雨水利用などもそこに含まれます。

　長方形で間仕切のほとんどないシンプルなプランとし、屋根形状もシンプルな片流れとしました。断熱性能は、外壁は高性能グラスウール16K100㎜厚、屋根は同200㎜厚と、現在手がけている住宅のスペックと比べれば心もとないですが、窓はアルゴンガス入りLow-Eペアガラスの木製サッシを標準とし、西日などの影響を受ける西側などにはブラインドを内蔵したト

バウビオロギー：ヨーロッパで普及しつつある学問・概念で、「建築生物学」のこと。健康な住まいを求める新たな学問、建築生物学・生態学をいう。ヨーロッパなどの先進的な建築家の間では、エコロジーとバウビオロギーの両方の考え方を建築に取り入れることが重要と考えられ、多くの建築で実践されている。シックハウス対策などもバウビオロギーの範ちゅうに含まれる。

▶ 屋根緑化と片流れの大屋根が特徴的な外観

新たに外付けブラインドを設置した外観。かつて窓の日射遮蔽は朝顔のグリーンカーテンで行っていたが、北国では成長が遅く日射遮蔽の効果が発揮できるのは8月中旬以降であったため、冷房負荷が大きかった

● 基本スペック

部位	断熱仕様	部位面積 A (㎡)	熱貫流率 U (W/㎡K)	係数 H (ー)	熱損失 A・U・H (W/K)	熱損失係数 Q (W/㎡K)
屋根	高性能グラスウール16K 200mm厚	113.51	0.18	1	20.65	0.14
外壁	高性能グラスウール16K 100mm厚	150.21	0.43	1	63.95	0.43
基礎	押出法ポリスチレンフォーム3種 50mm厚	ー	ー	1	43.74	0.29
基礎 (スラブ下)	押出法ポリスチレンフォーム3種 30mm厚					
開口部	アルゴンガス入り Low-Eペアガラス木製サッシ、トリプルガラス木製サッシ（ブラインド内蔵）ほか	34.78	ー	1	50.67	0.34
換気	第3種換気			1	47.11	0.32
相当延床面積		149.06	ー	ー	ー	ー
住宅全体		ー	ー	ー	226.11	1.52

Q値 1.52W/㎡K、暖房負荷 49.5kWh/㎡（20℃夜下げる）
暖房負荷 71.8kWh/㎡（21℃一定）、暖房消費一次エネルギー 65.13kWh/㎡（20℃夜下げる）
μ値 0.029、日射取得熱 660W、自然温度差 5.89℃

第2章 | 実例に学ぶエコハウスのつくり方

平成はじめの温熱技術のすべてを盛り込んだ家

● 冬の温熱環境

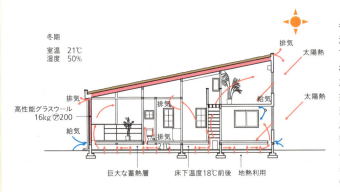

冬は3.5kWのFF石油ストーブで室内と床下を温めるが、蓄熱された床下の基礎からの放熱で暖房運転を極力抑える。基礎は地熱の効果で外気より高い温度になっているため、熱が吸収されてしまう心配はない。日中は日射を極力取り入れ、その熱で室内を温める。

平面図（S＝1：300）

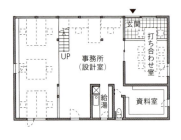

矩計図（S＝1：100）

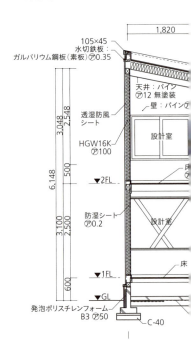

● 夏の温熱環境

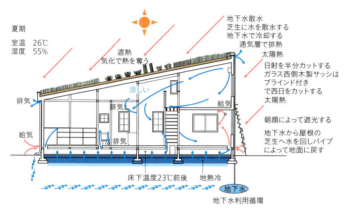

夏はアクティブな冷房は3kWのエアコン1台でまかない、あとは温度の低い地面の冷地熱を基礎に蓄え、緩やかに室内を冷やす。日中は外気を極力入れないようにするとともに、直射日光はブラインドで遮蔽し、日中温度が上がらないように配慮する。

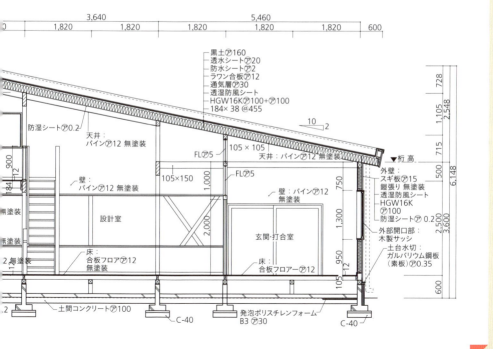

第2章 実例に学ぶエコハウスのつくり方

リプルガラスを採用するなど窓の断熱性能を強化しました。

　また、屋根緑化による断熱効果も大きく、実際の仕様以上の断熱性能を得ることができています。屋根緑化は、通常の屋根断熱の上に一般的な2mm厚の防水シートと20mm厚の透水シートを施工し、その上に黒土を160mm厚ほど盛ったシンプルな構成です。

　竣工から26年間、この建物のなかで建築の設計をしてきました。冬はオープンな床下空間に設置した3kWの強制給排気型のFF式灯油ストーブ（12月、1月の灯油消費量は200ℓ／月程度）で全室が21〜22℃に保たれ、心地よいです。この心地よさは、室内の観葉植物にとっても一緒で、大窓の外は地吹雪でも、室内ではヤシの木やポトスなどの葉が青々と生い茂っており、厳しい冬を和らげてくれます。

　南面の大窓には数年前に電動の外付けブラインドを設置し、日射量の調整に大きく役立てています。特に夏の日射遮蔽の威力は大きく、ガラス面が大きい割に12畳用のエアコン1台で涼しく過ごしています。ちなみに外付けブラインド設置前には最大で2台稼働する必要がありました。また、ブラインドは羽根の角度によって日射量を無段階に調整できるため、夏以外は天候や気温に応じて日射熱や日差しを調整して、快適な室内環境を確保しています。

　芝置屋根は、雨漏りや長期荷重による不具合はなく、植物もひどく枯れることもなく毎年夏になれば青々とした緑に覆われます。また、季節によって水仙、イチハツ、カンゾウ、食用のコオニユリなどが元気に花を咲かせます。

　外壁の無塗装の秋田杉板張りは、今でも大きな不具合はありませんし、経年による風合いが建築をより魅力的にしてくれています。また、長年の厳しい環境に使い続けることで、耐久性のあるエコロジーな材料として、現在手がけている住宅でも積極的に使用する根拠となっています。この芝置屋根と板張りの外壁は、いい具合に経年変化し、周囲に木々により馴染んできています。

透水シート（とうすい―）：土壌中の水分を排出しながら、土壌の流出を防止するため、土壌直下に設置される透水性にすぐれた化学繊維の不織シート。

第 3 章

地球と人間にやさしい
エコハウス

縄文人は断熱・気密住宅に住んでいた

　日本の家は、兼好法師の徒然草の「家の作りやうは、夏をむねとすべし」とあるように「夏向きの開放型であるべき」と思われています。

　しかし、そうばかりとは言えません。日本の国土は南北に長く、南は亜熱帯、北は亜寒帯と気候も大きく異なります。また、古代日本の亜熱帯から温帯の家は、中国・長江地域の家の影響を、亜寒帯から温帯の建築は、中国・黄河流域と沿海州の家の影響を受けています。この古代日本の家は、その後それぞれの地域でさまざまに工夫され進化し、現在の住まいに受け継がれています。

　たとえば、縄文時代の岩手県の御所遺跡では、竪穴式住居の屋根の上に土を載せ、断熱と隙間風防止の工夫を行っています。また、同じく縄文時代の北海道・道南地域の大船遺跡の住居は、一つの家で、暖かい地下が冬の居住空間、風通しがよく涼しい地上が夏の居住空間と住み分けられるようになっています。この考え方は非常に合理的で、実際に現在の北海道や北欧では、冬の居住空間としての地下室が多用されています。群馬県の中筋遺跡の住居にある 1.2 ｍ以上の深さまで掘られた半地下空間は、地熱が利用でき、隙間風もありません。土でつくられた煙突付きのかまどは、調理と暖房を兼ねるもので、地下の床と壁の土はともに蓄熱体としてかまどの熱を蓄熱し、朝までゆるやかに住居内を暖め続けます。

　このようなアイデアは世界中に存在しており、ドイツと周辺の国々には「カッフェルオーフェン」と呼ばれる同様な形態のかまど（蓄熱式薪ストーブ）が古くから存在し、現在も現役の暖房や調理用オーブンとして使われています。

地熱（ちねつ）：地球内部の熱源に由来する熱エネルギーのこと。建築で使われる地熱は、この熱エネルギーを利用しているのではなく、地上の温度と地中の温度差を利用した「地中熱」を利用している。多くはヒートポンプ技術を利用した設備で、冷暖房などに使用するケースが多い。

現代の家は、昔の家の工夫を科学的に実現させたもの

　時代はずっと進んで、江戸時代の民家や武家屋敷は、夏に窓の雨戸を大きく引込み通風を促す開放型のつくりの家ですが、冬はその雨戸を建て込んで大きな窓を塞ぎ、寒さに対応します。また、雨戸と縁側の間が土間空間になっていて、雪が深く積もる冬の間の作業スペースとなります。こうした土間空間は積雪が深い日本海側に多く、「土縁」と称されています。土縁には通路状になっているもののほかに、面積が大きく、外側に建具があり、大きく開放できるものもあります。

　日本各地で見られる蔵は、約 30cm もの厚い土の壁と屋根をもち、その断熱・気密・蓄熱効果によって夏は涼しく冬は寒くない、年間通して適度な温度・湿度を保っています。また、屋根は 2 重の起き屋根になっており、夏の日射を遮ることができます。窓の凸凹は火災のときに味噌などを塗り込み、窓を密閉（気密化）し延焼を防ぎます。

　現代の家は、民家や武家屋敷、蔵、それ以前の家のもつ夏や冬の住まい方の伝統を、現代の科学で一つの家に融合し、必要に応じて夏と冬のモードを切り替えられる可変住宅である必要があります。まずは、冬の住まい方を考え、高い断熱性能と冷たい隙間風を防ぐ工夫を施した、高断熱・高気密の家にします。そのうえで、夏の強い日射を遮る工夫をし、室内に風を取り入れやすいような窓の位置を考えます。窓については、通風だけでなく冬は日射を取り込んで室内が暖かくなるような工夫も必要です。さらに地熱など微弱な自然エネルギーを最大限に活用することも重要です。先人の知恵や古建築のよい点を学つつも、最新の高断熱住宅の技術を取り入れ、快適で省エネ・省 CO_2 な家をつくりましょう。

蓄熱（ちくねつ）：その名の通り熱を蓄えること。建築では、コンクリートやレンガ、水など比較的熱を蓄えることができる部材（これを蓄熱容量が大きいという）に熱エネルギーを蓄えさせ、その後放出させることで、暖房効果を得るといったかたちで利用される。深夜電力を使ってつくられた熱を蓄熱し、日中掛けて放出し暖房効果を得るものや、日射熱を昼間に蓄え、夜間に放出することで暖房効果を得るものもある。

第3章　地球と人間にやさしいエコハウス

高い省エネ効果が、
地球温暖化の防止に

　高断熱・高気密住宅の大きな目的の1つが、人と環境に負荷の少ない家をつくることです。人への負荷を少なくするためには、冬に暖かく、夏に涼しく、結露しない（ダニ、カビを発生させない）快適で健康な家でなければなりません。

　一方、環境に低負荷にするためには、長持ちし、かつ日々のエネルギーをなるべく使わなくてもすむ省エネルギーで耐久性な家であることが必要です。これらを実現するものとして高断熱・高気密化は不可欠な技術であり、必要な性能を得るためには、材料や工法の選択において柔軟かつ慎重に考えなければなりません。最適な答えは住宅ごとに異なります。「○○工法」のようなパッケージ化された工法は、その点からいってもナンセンスと言えるでしょう。

　まず、高断熱・高気密化による省エネルギー化によって冷暖房エネルギーを節約でき、二酸化炭素排出量の削減、化石燃料使用量削減、原発抑制などの面で環境への負荷が低減できます。東京では、新省エネルギー基準から、高断熱・高気密の次世代省エネルギー基準（現行の平成28年省エネルギー基準同等）に変更すると、冷暖房エネルギーが新省エネルギー基準と比べて約半分ですみます。さらに平成28年省エネルギー基準における3地域（北東北など）レベルの断熱性能にすれば、冷暖房エネルギーは新省エネルギー基準に比べて約60％削減でき、また冷暖房が微弱なエネルギーでも十分効果が得られるので、太陽熱や風力、バイオマスなどの自然エネルギーが活用できます。これらの省エネと自然エネルギー利用は、地球の温暖化防止に役立ちます。

風力（ふうりょく）：風力が物体に与える力のことだが、ここでは風の力を利用して発電を行う風力発電を指す。風力発電は化石エネルギーを使わない、非常にエコロジーな発電方式であり、ヨーロッパなどの環境先進国では高い導入率を誇っているが、一定以上の強い風が吹き続ける場所であること、プロペラが駆動する際の騒音などの問題があり、日本ではあまり普及していない。

▶高断熱高気密にはいろいろなメリットがある

快適さ

しっかりと断熱・気密化された住宅では、どの部屋でも同じような室温になり、床と天井付近の温度差も小さくなります。つまり、家中がいつでも、どこでも快適です

省エネルギー

世界水準の省エネルギーが実現できますので、今までの暖房費と同じくらいか 1/2 〜 1/3 の負担で、全室が暖かくまた涼しくなります

健康的

断熱・気密化された住宅は、温度変化が少ない快適な室内環境が得られるほか、計画換気によって室内の空気を常に清浄に保つことができ、健康的な住まいに変身します

耐久性

基準に従って正しく施工された住宅では、壁体内の結露を防ぐことで構造部材の腐食を防ぎ、材料を長もちさせます

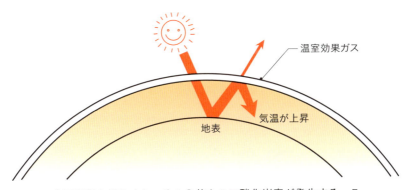

化石燃料を燃やすと、その3倍もの二酸化炭素が発生する。こうした温室効果ガスが増えすぎると、地表の温度がどんどん上昇する。温室効果の激しい金星では、気温が477℃にもなる

断熱化で脳卒中の死亡率が下がる!?

　建経済的、文化的に潤って来た私たちは、末永く人生を送りたいと願っており、健康には特に敏感です。しかし、従来の住宅は隙間が多く，断熱施工に欠陥があるため、冬はとても寒く、結露が生じやすいものとなっています。

　住宅環境は人の健康と密接に関係しています。室内の温熱環境が快適に感じられるようにするには、気温・湿度・輻射・気流の4つの要素をバランスよく満足させなければなりません。

　室内の寒さや大きな温度差は、不快なばかりではなく、脳卒中や心臓病、神経痛、リウマチなどの要因となっています。特に、脳卒中に関しては、右頁のグラフでお分かりのとおり、寒くなればなるほど死亡率が上がっています。脳卒中による死亡率は、食事や医療などの要因とともに寒さが大きく関与しているのです。

　しかし、特筆されるのは、北海道では14℃以下になると死亡率の伸びが落ちている点です。さらに、北海道の耐寒住宅では、死亡率が長野や秋田の1／2にも下がっています。どうしてこのような結果が出たのでしょうか。一般に、外気温が14℃前後になると、寒さを我慢するのではなく、暖房を付けて暖をとるようにします。そのため、体に負担がかからないのです。寒い北海道が全体的に死亡率が少ないのは、住宅が寒さに対して考えられているためでしょう。逆に、冬が暖かい鹿児島では、寒さ対策が考えられていないせいか、北海道よりも死亡率が高くなっています。

結露〔けつろ〕：空気中の水蒸気が冷やされ、水となって現れる現象。建築では、窓ガラスやサッシ面に現れる表面結露のほか、壁や屋根の内部で水蒸気が移動する際に水となる内部結露などが起こる。特に後者は、木造建築などの場合、壁や屋根内の木材を普及させる原因となるため、壁内に水蒸気を入れない、壁内に入った水蒸気を速やかに排出する工夫が求められる。

▶脳卒中の死亡率がぐんと下がる北海道の高断熱住宅

下のグラフを見ていただいても分かるように、気温が下がることで脳卒中の死亡率が上がっていくことが分かります。特に気温が零下に下がると、秋田や長野と北海道の死亡率は倍以上に広がってしまいます。この死亡率の差は、全室暖房や高断熱化が進んだ北海道の住宅と、既存の在来工法からあまり進化してこなかった秋田や長野の住宅との、居住者の身体的な負担の差ではないかといわれています。

● 脳卒中死亡率の気温に対する回帰直線

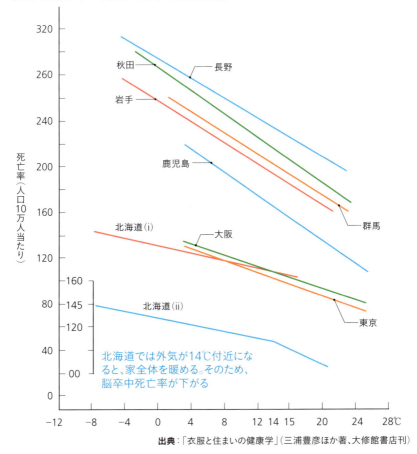

出典：「衣服と住まいの健康学」（三浦豊彦ほか著、大修館書店刊）

第3章 ｜ 地球と人間にやさしいエコハウス

死亡事故が多い「ヒートショック」を起こさない家

　冬場に、家のなかで暖かいのが居間だけで、しかもそこだけ室温が 30℃ 前後ある家は少なくありません。そこからトイレや洗面所などの零下に近い寒いところに行くと、寒さが体にこたえます。床面も冷たく、すぐに足裏が凍えてしまいます。体を壊している人や高齢者などでは、この温度差で体に大きな負担がかかり（「ヒートショック」）、病気の引き金となる可能性が高いのです。普段から血圧が通常よりも高い人であれば、急に寒さに遭うと血圧が 200 を超えてしまい、危険な状態になってしまいます。和式のトイレなら、しゃがみ込むことで、さらに血圧が 25 前後上がってしまうことでしょう。

　こうした危険を防ぐためには、家の断熱をしっかり行って、大きな温度差が生じないようにする事が重要です。だだし、間違えないでいただきたいのですが、家のなかをすべて同じ温度にしろといっているのではありません。

　たとえば、高級な暖房システムなどではほとんど温度差をなくすことができますが、実際にはトイレなどの臭いが生ずる空間などは、ヒートショックや結露がしない程度に多少下げたほうがよいのです。また、同じ 20℃ でも子供には暑く、高齢者には寒く感じられるものです。居間の空間のなかでも、高齢者がくつろぐ場所は 2℃ ほど高めの温度になるようにすると喜ばれます。温度差がまったくないのが理想ではなく、それぞれの場所に適温というものがあるのです。このような温度管理を適切に行ううえでも住宅の高断熱化は極めて有効なのです。

▶ 部屋の移動中に起こるヒートショックによる脳卒中

● 部屋の移動によるヒートショック

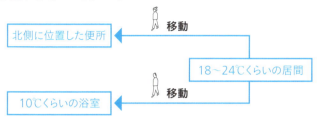

● 脳卒中の生じた時間と場所（某病院来診225人）

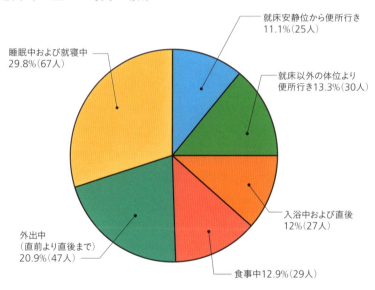

便所（その直後も含む）だけで24.4%（55人）、便所と入浴を合わせると36.4%にもなる

出典：「人と住宅の健康読本」（シャノン発行）

第3章 │ 地球と人間にやさしいエコハウス　　079

上下の温度差が少ないことは
快適につながる

　ストーブをガンガン焚いて暖かいはずの居間にも大きな温度差があります。体がストーブに面した部分だけ熱くて背中は冷え冷えとしている、床面は冷たいのに、立ち上がると「ぼーっ」とするほど暑い、といったことがあるでしょう。

　このような暖房方式を「採暖」といいます。部屋全体を暖めるまでいかず、焚き火などのように、部分的に暖を採るというのに近い、レベルが低い方式です。

　高断熱・高気密住宅は、暖房室の床面近くで10℃、天井近くで40℃近くといった、上下の温度差が30℃前後もあるような劣悪な室内環境ではありません。断熱性能がよい住宅では、高さが9mもある吹き抜けをもつ居間でさえ、上下の温度差が1℃以下ということもあり、とても快適です。さらに数台のパネルヒーターで熱源を拡散させるような高級な暖房システムを導入した場合はほとんど温度差が生まれません。しかし、ローコストなFF式ストーブや家庭用エアコン1台であっても、居間が21℃、2階の子供部屋が17℃と、温度差を少なくすることが可能です。

　また、断熱性能のよい住宅は、夜寝るときに暖房を止めても、朝起きたときの温度は1〜3℃くらいしか下がらず（約18℃くらい）、起きがけの寒さ知らずです。朝一番に起きて家事をする主婦にとても喜ばれます。

　睡眠中も、室内が暖かいので寝具は夏掛けで十分です。冬掛けを収納するための大きなスペースも必要ありません。

▶ 断熱不足とすきま風が上下の温度差をつくる

● 温度差の大きい住宅

今までの住宅は、断熱性能も低いうえに隙間も多い。そのため、暖められ上昇した空気が、上部の隙間から逃げてしまい、一方で、床下から冷たい外気が入ってくるため、暖房していても常に寒く、効率も極めて悪い

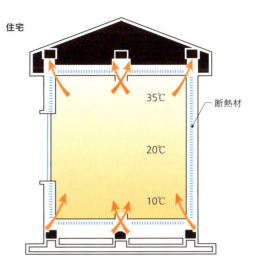

● 温度差の小さい住宅

高断熱・高気密住宅は、暖房によって暖められた熱が逃げにくく、家中を均等に暖めてくれる。また、熱が逃げにくいため、高い温度で暖房を運転し続ける必要がなく、暖房効率も極めてよい

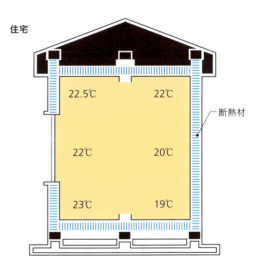

温度差のない空間が
オープンな間取りをつくる

　高断熱化と全室暖房によって、冬期に全室が 20 ～ 22℃前後と暖かく、温度差が少ない室内気候が達成できれば、動きやすい薄着で過ごすことができ、また家中を不快なことなく自由に動き回れます。したがって、体力がなく家のなかに閉じこもりがちな高齢者や、風邪の引きやすい赤ちゃんや幼児にはよい運動になります。

　また、全室暖房の住宅では家全体の空気を循環させる必要があるため、間仕切壁や建具の少ないオープンな間取りが適しています。したがって、廊下の幅に注意し、手摺を適宜設け、床の段差をなくすような設計を行えば、車いすや足腰の弱い高齢者などが移動しやすい、高質なバリアフリー住宅にすることができます。もちろん、温度差の少ない室内気候は、さまざまな病気や症状の改善、心地よい生活に大きく寄与します。

　窓面や冷たい壁面からの冷輻射や、隙間からの冷たい風のせいで、室温が高くても暖かさ感じられないといったことがあります。冷たい壁面や床面に対しては、断熱材を正しく施工することで冷輻射を抑えられます。また、窓ガラスには、**Low-E**（低放射）ペアガラス、Low-E トリプルガラスなどを使えば、冷輻射がほとんど気になりません。

　FF 式ストーブ、エアコンなどの自然対流の暖房を使用する場合は、不快感を覚える微妙な冷気が気にならないよう、1 階床下に暖房機を設置し、床下に暖気を吹き出しながら家全体をゆっくりと暖める床下暖房などの工夫が必要です。室内で空気の流れが人肌に感じられない程度は、風速 0.15 ～ 0.20 m／秒以下です。それには、最低でも平成 28 年省エネルギー基準以上の断熱性能が必要になります。

Low-E（ろういー）：Low Emisivity（低反射）の略。ガラスの表面に金属や酸化物などで構成された特殊なコーティング処理を行うことで、熱を伝達しにくくしたガラスのことを Low-E ガラスという。通常のガラスに比べて高い断熱性能や日射遮蔽性能をもつ。

▶ 体感温度では壁や床の表面温度も重要

室内の体感する暖かさは室温と違います。低い断熱レベルの住宅では室温が20℃であっても床・外壁・天井の表面温度が10.8℃で体感温度が15.4℃で寒いです。平成28年省エネ基準レベルでは床・外壁・天井の表面温度が18℃で体感温度は19℃で室温との差が少ないです。

> 体感温度はおおよそ（表面温度＋室温）÷2

● 低い断熱レベルの住宅

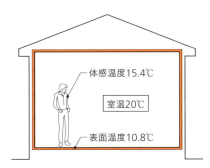

断熱材は入っているが、隙間が多く効果が発揮されてない状態
（壁の熱貫流率4.3W／㎡K）

● 高い断熱レベルの住宅

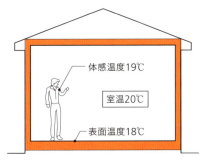

平成28年省エネルギー基準相当
（壁の熱貫流率0.53W／㎡K）

断熱と防湿で
結露とカビ・ダニがなくなる!?

　建4人家族の1軒の住宅の1日の生活を見ると、人体から発散されたり炊事などで9ℓ前後もの水蒸気が発生します。これは1升ビン5本分に当たる量です。意外に思われるのは、人体から4ℓもの水蒸気が出ていることです。この水蒸気が低温の窓や非暖房室で冷えて水に戻り、結露するのです。夏に飲む冷たいビールのコップのガラスの表面に水滴がつく原理と同じです。さらに、煙突がなく燃焼ガスが室内に放出されるファンヒーターなどを使っている場合は、灯油が燃えた分、水蒸気が発生してそれが結露の原因となります。こうした結露は、ほとんどの人がすでに経験ずみのことでしょう。

　また、結露があるところは湿度が高いため、カビが生えやすくなっています。カビの増殖域は温度が20〜30℃、湿度が60〜100%です。カビが増えるとともに、それを栄養源としてダニも増殖しやすくなっています。前述したように、これらの胞子や糞が、人体に吸い込まれて喘息やアトピーなどのアレルギーなどを引き起こす大きな要因となっています。

　正しい断熱施工によって建てられた家は、計画換気が正しく行われるように気密性も高められています。そのため、絶対湿度の低い新鮮な外気を取り入れ、湿度が高く汚れた室内の空気を外に捨てることにより適度に乾燥した状態が保持されます。また、全室暖房によって各部屋の温度差を少なく抑えれば、結露はほとんど発生しません。結露が生じないということは、当然、カビやダニの繁殖を抑えることにもつながるのです。

▶ 湿気や結露を抑えることがダニ・カビの発生抑制につながる

● 生活のなかから発生する水蒸気

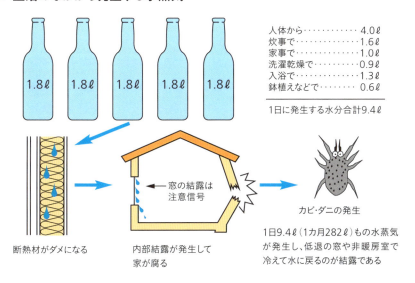

● 湿気とダニ発生の関係

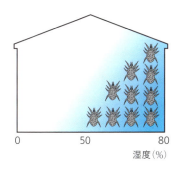

● ダニの増殖と湿度の関係

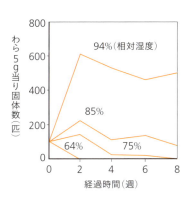

出典:「建築設計資料集成・1・環境」
　　　（日本建築学会編・丸善刊）

第3章　地球と人間にやさしいエコハウス　　　　085

インフルエンザもさようなら

　正しい断熱工法によって建てられた家は、冬は室内が湿度 40 ～ 50％ほどの乾燥状態に保たれているため、結露が起きません。また、湿度の高い梅雨はエアコン 1 台で全室を除湿でき、カビやダニの発生を抑えることが可能です。ただし、乾燥しすぎるとインフルエンザ・ウィルスの生存率が高くなります。温度が 21 ～ 24℃の場合、湿度 50％以上では 4 時間後の生存率は 6％前後なのですが、湿度 20 ～ 35％の乾燥時では生存率が 23 時間後でも 14 ～ 22％の高い生存率になっています。

　また、人間は鼻と口から吸い込んだホコリや細菌などを、気管の粘膜から排出された粘液と一緒に、気管の繊毛の運動によってタンなどとして外に吐き出します。しかし、室内が乾燥しすぎると、粘膜や繊毛の活動が弱まり、細菌などから人体を守るフィルターの役目を果たせなくなってしまいます。

　風邪を引いて病院にいくと、「家のなかを加湿しなさい」という医者がいますが、湿度を上げると、今度は結露やカビ・ダニはもちろん、ひどいときには家が腐ったりという問題が出てきます。そういうことをいうと、「家と体のどっちが大切なのだ」という乱暴な医者もいます（もっとも、カビやダニは体にも悪いのですが）。

　冒頭にあるように、通常の生活の仕方であれば、湿度 40 ～ 50％程度の湿度に収まるため、ほとんど問題ないのですが、万が一乾燥が進んでしまった場合は、湿度は 50％をメドに加湿器や洗濯物の室内干しなどで調整すればよいでしょう。

▶ インフルエンザとアトピーには湿度50％が最適

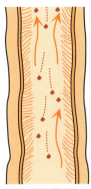

乾いた気管　　通常の気管

カサ状のものができ、自浄作用がなくなる

繊毛のある上皮が粘液やゴミを押し出す

通常の繊毛のある上皮は、排出される粘液と捕えたゴミを除去する。乾いた気管では、繊毛の上皮は乾いた粘液がカサ状になって部分的に見えなくなる。もはやゴミや微生物に除去されない

● 湿度とインフルエンザウィルスの生存との関係

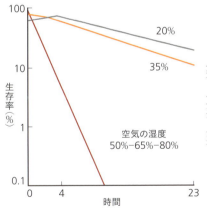

● 健康な被験者（喫煙者）の鼻とのど部分の粘液の流速に対する空気の関係湿度の影響

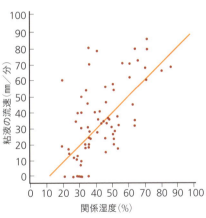

出典:「豊かな住まいつくり・39集」（日本建設新聞社刊）

木材の乾燥保持で
100年住宅がもつ

　結露は表面結露だけでなく、壁の内部にも発生します。この**内部結露**はおそろしいもので、春になって外が暖かくなると、冬に外壁のなかでできた結露によって湿度が高まり、腐朽菌が繁殖して木材が腐りやすくなるのです。北側の台所、浴室、洗面所など、水廻りの床下部分などは特に湿度が高く、土台などが腐る危険性も高いのですが、住宅の構造上重要な土台や柱脚、床などが腐ると、住宅の寿命が著しく縮まってしまいます。しかし、これは室内の水蒸気が壁内へ浸入することを防ぐ防湿・気密処理や、壁内に発生した水蒸気の排出を促す外壁下地の透湿処理や外壁通気工法といった高断熱・高気密工法の基本工事を適切に行っていないために起こります。

　高断熱・高気密工法は、水蒸気の流れを上手くコントロールする、いわば低温の除湿乾燥器のようなもので、壁の内部や土台、床下などを乾燥させます。湿気やすい北側の水廻りの土台でも、木材の含水率が1年ほどで約12%まで乾燥します（といっても、濡れた木材を使うと、乾燥して痩せてしまうことによって気密が悪くなるため、初めから人工乾燥材を使用することが肝心）。木材は、湿気を含まなければ、長寿命でバランスのとれた優れた建築材料です。法隆寺や桂離宮などの伝統工法は柱などを露出させた真壁造で、木材が乾燥しやすいように考えられているために長寿命を保っています。

　こうした国宝や重要文化財レベルの神社・仏閣に採用されているほど耐久性に優れる木材を長持ちさせる伝統の技術を、科学的に、庶民の家の技術に置き換えたのが高断熱・高気密工法なのです。防湿層や透湿層、通気層など、高断熱・高気密工法に取り込まれたこれらの仕組みは、水蒸気理論によって科学的に考えられた結果なのです。

内部結露（ないぶけつろ）：壁や屋根の内部で水蒸気が移動する際に発生する結露のこと。木造建築などの場合、壁や屋根内の木材を腐朽させる原因となるため、壁内に水蒸気を入れない、壁内に入った水蒸気を速やかに排出する工夫が求められる。

第 **4** 章

断熱工法の選び方と施工の勘どころ

3つの断熱工法と充填断熱

　断熱工法は大きく分類すると、壁体内の空間に断熱材を充填する俗称が「内断熱」の「充填断熱」、壁の外側に断熱材を張る俗称が「外断熱」の「外張り断熱」、断熱性能をより向上させるために充填断熱と外張り断熱の両方を施工する「付加断熱」の3種類に分類されます。

　筆者は、充填断熱と付加断熱を主体としていますが、工務店によっては外張り断熱工法を採用することもあります。充填断熱も、最近では従来の壁や屋根内側に防湿気密シートを隙間なく施工するシート気密工法ではなく、ボード気密工法（壁に張る合板で気密をとる工法。合板気密工法ともいいます）や透湿防水シート気密工法（壁の外側に張る透湿防水シートで気密をとる工法）が普及し始めて、簡易性では外張り断熱工法に引けをとらなくなってきました。また、外張り断熱といっても屋根、壁、基礎の各部位がすべて外張りであることは少なく、充填断熱との組み合わせも多くなっています。実際に外張り断熱の多くが、「壁のみ」というものも少なくありません。

　充填断熱は、断熱材を壁内部に充填するという方法で、**在来工法**の木造住宅などで一般に用いられています。壁の空隙を利用するため、支持材などで断熱材専用のスペースをつくる必要がなく、その分ローコストです。

　断熱材には、グラスウール、ロックウールはもちろん、セルロースファイバー、現場発泡ウレタンフォーム、ポリスチレンフォームなどのボード状断熱材などほとんどの種類を使うことができます。ただし、ボード状の断熱材は、工場で外壁下地と一体化しパネル化されたものがよく使われています。また、5mm前後の隙間を空けた状態で硬質ウレタンフォームを入れ込み、隙間に現場発泡ウレタンを吹き付けて気密をとっている工法もあります。

在来工法〔ざいらいこうほう〕：木造軸組工法とも呼ばれ、柱・梁などで構成される木造工法のこと。日本の伝統的な木造工法を、簡素化し、発展させたものだが、現在では補強金物や耐力壁、鉄筋コンクリート基礎などが義務化されるなど、高度な耐震性能が要求されているため、かつての伝統的な木造工法とは大きく異なっている。日本の断熱工法はこの在来工法を前提に、独自の発展を遂げている。

▶ きちんと理解しよう！断熱工法は全部で9種類

断熱工法は「外断熱」「内断熱」だけではありません。
建物の躯体・工法によって大きく分けられ、
そして断熱材の位置や組み合わせによってさらに細分化されます。
これらは建物ごとに使い分けられます。
この分類を見ても「外断熱＝万能」ではないことが分かるでしょう。

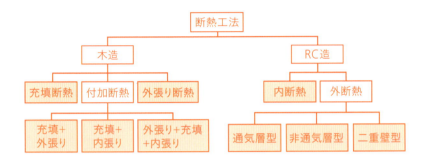

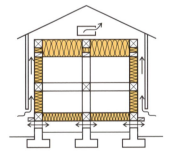
● 充填断熱

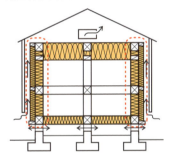
● 外壁付加断熱

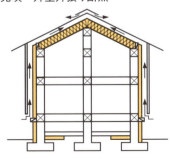
● 屋根充填・外壁外張り断熱

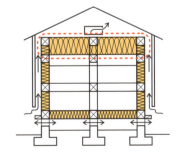
● 桁上断熱

充填断熱の防湿気密シートと劣化対策の工夫

　充填断熱工法は、室内側に防湿気密シートや先張りシート、気密パッキンなどで防湿・気密層を設け、軸間にグラスウールやロックウールなどの断熱材を充填し、外側に透湿防水シートなどによる透湿・防水層と通気胴縁などを使った通気層を設けるのが標準的なやり方です。ここではまず、充填断熱工法における工夫や施工上の注意点などについて見てみましょう。

❶ 防湿気密シートの工夫

　グラスウール、ロックウールなどの鉱物繊維系断熱材の場合、気密を維持するために、防湿気密シート（ポリエチレンシート）などで気密をとることが必要となります。また、防湿気密シートが的確に連続して施工されないと結露のおそれがありますので、注意が必要です。

　防湿気密シートの継ぎ目は十分な重ね代を確保し、下地のある部分で継ぐようにします。スイッチ・コンセントボックスや設備配管が貫通する部分は、防湿気密シートとテープなどで隙間を埋めるようにします。なお、**袋入りグラスウール**・ロックウールなどを使用する場合も、この「袋」が防湿気密シートと同様の役目をしますので、気密を考えながら注意深く施工することが重要です。

❷ 断熱性能の劣化対策

　鉱物繊維系断熱材の品質は、近年著しく向上しているので問題はありません。ただし、防湿気密シートには、厚さ0.2mm程度の厚手で耐候性のある専用のものを使用してください。また、木材には、含水率17％以下の乾燥木材を使用したいところです。25％程度の乾燥材だと、住宅1軒からドラム缶7本前後の水分が発生し、内部結露の原因になります。

袋入りグラスウール（ふくろいり―）：住宅用グラスウール製品の1つで、グラスウールを簡易な防湿・気密シートなどでくるんだもの。製品の多くは、耳付きの形状になっており、この耳部分を柱や梁にかけ、その個所をタッカー留めや気密テープで処理することで、簡易に防湿層が確保できる。

▶ シートは高断熱・高気密の基本

外張り断熱のなかには、断熱材どうしの継目にテープを貼っただけで
「気密は万全!」とする事例があります。これは危険です。
どんな断熱工法でも、重ね代をしっかりとって気密シートを張るのが基本です。
さらに構造用合板を壁に張って建物が動かないように固めれば完璧です。

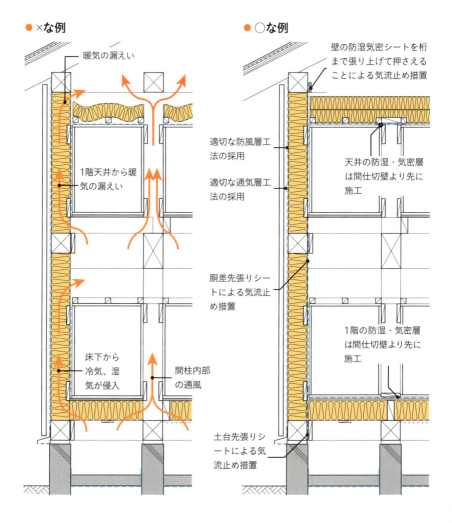

出典：新住協＋鎌田紀彦室蘭工業大学名誉教授

第4章 ｜ 断熱工法の選び方と施工の勘どころ

充填断熱の気流止めと
断熱欠損の工夫

❶ 気流止めの工夫

　在来工法では外壁と小屋裏の取合い部分が空隙で連続的につながっています。このままの状態で、通気性・透湿性のある繊維系断熱材を充填しても、壁内気流が起こるため、断熱効果は大きく減少してしまいます。実際、気流止めが不十分な場合、断熱材の厚さが50㎜から100㎜になっても、断熱材を厚くした割に理論値ほどの断熱効果がありませんでした。

　こうした壁内気流を防止し、空気を静止させて断熱効果を高めるものが「気流止め」です。土台廻りと外壁・間仕切壁の取合い部分、天井と外壁・間仕切壁の取合い部分に気流（隙間風）が流れないように、防湿気密シートや袋入りグラスウールなどで塞ぐ必要があります。現在では、床下地に根太の代わりに厚い構造用合板を使う根太レス工法というものが普及していますので、この方法によって床周辺の隙間を埋めてしまう方法が頻繁に採用されています。

❷ 断熱欠損の工夫

　筋かいの厚さによって断熱欠損になりがちな部分は、筋かいが当たる部位に沿って断熱材に切れ目を入れ、断熱材を削ることなく押し込むと、断熱欠損になりません。スイッチ・コンセントボックスの部分も同様に施工する場合がありますが、ボックスの厚さの分を欠き取っても、断熱性能上、大した負担にはなりません。ただし、完全に断熱欠損を防ぐわけではないので、構造用面材を使って筋かいをやめる、コンセントを外壁廻りに設置しない、もしくは壁内側にふかしてコンセントボックスを収めるなどの工夫も行われています。

気流止め（きりゅうどめ）：壁（外壁や間仕切壁など）内に発生する上昇気流を抑えるために、壁の上下に設けられるもの。気流止めには、防湿気密シートや合板、圧縮された袋入りグラスウールなどが使われる。近年は床下地に合板を使うケースが多くなっているため、合板による気流止めが一般的になりつつある。

▶ 充填断熱は防湿と気流止めに注意

グラスウール・ロックウールによる充填断熱の場合、
下図にあるようなさまざまな特徴や施工上の工夫があります。
このなかでもとりわけ重要なのが、気流止めで、
断熱材の性能が十分に発揮されるうえで、とても重要な項目です。

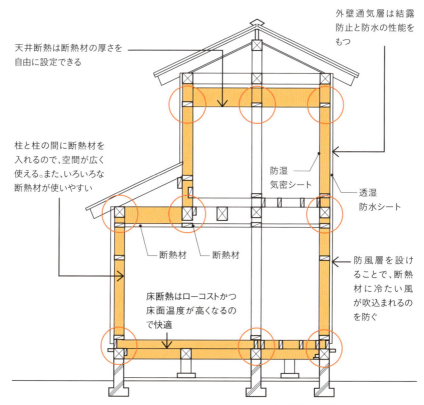

出典：新住協＋鎌田紀彦室蘭工業大学名誉教授

第4章 ｜ 断熱工法の選び方と施工の勘どころ　　095

充填断熱の防風層の確保と
躯体の耐久性・結露対策

❶ 防風（防水・透湿）層の確保

　繊維系断熱材の場合は、外側の通気層側に防風層を施工する必要があります。この防風層がないと、通気層から侵入した風が繊維系断熱材のなかに入り込み、断熱性能を著しく低下させてしまうのです。防風層には結露防止のため、「タイベック」などのような、風や雨水は通さずに壁内の水蒸気を通す透湿・防水のシートや、木材繊維でできたインシュレーションボードなどの同様の効果をもつボード建材を使用します。

　さらに、耐震壁を兼ねた防風・透湿層として、構造用面材を使用する場合もあります。防風・透湿性能をもつ「ダイライト」（大建工業）「モイス」（三菱商事建材）などが代表的な製品です。

　ちなみに、外張り断熱などに使われるプラスチック系断熱材を使う場合は、防風層は必要としませんが、継ぎ目などの処理から**防水透湿シート**の「タイベック」（旭・デュポンフラッシュスパンプロダクツ）などを全面防水層として張ります。

❷ 躯体の耐久性・結露対策

　熱環境と同様に大切なのは、木造躯体の耐久性です。木材は腐らなければ大変に耐久性のある材料ですが、高温・高湿度の場所では腐りやすいので、柱や梁などの軸組の木材部分はできるだけ乾燥状態に保持する必要があります。充填断熱の場合は、防湿・気密層、断熱材、透湿・防風層、通気層を適切に施工すれば壁体内が高湿度にならず、内部結露のおそれも少なくなるので、木材が腐朽しやすい状態にならないのです。

防水透湿シート（ぼうすいとうしつ—）：防風を追加して、防風透湿防水シートともいわれる。外装材から浸入する雨水を防ぎながらも、室内側から壁内に流れ込んだ水蒸気を放出させる機能をもつ。国内・国外メーカーで多様な製品が販売されている

▶「通風・通気性」だけで結露は防げない

結露対策として「通風・通気性」の重要性が語られていますが、これだけでは不十分です。水蒸気の動きを理論的に捉えないと痛い目に遭います。そのうえで、壁を構成する材料ごとの水蒸気の通りにくさ、通りやすさを考えて設計する必要があります。

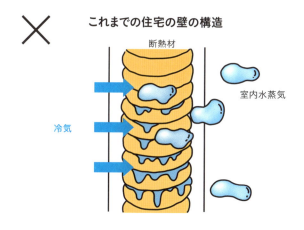

室内の湿気が、壁体内で結露してしまう

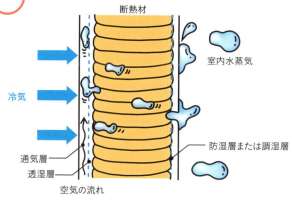

室内の湿気が侵入しづらく、侵入した場合も壁体内の湿気は常に外に排出される

第4章　断熱工法の選び方と施工の勘どころ

充填断熱の利点❶
ローコストと軸間の有効活用

❶ローコストな工法

　充填断熱工法は壁の空隙を利用して断熱材を充填するため、支持材で断熱材のスペースをつくる必要がありません。また、主に使われるグラスウール・ロックウールは断熱材のなかで安価な製品ですし、壁のなかに充填したり、吹き込むといった、一般的で基本的な工法であるため、施工費用もかかりません。

　筆者が標準で行っている充填断熱＋基礎断熱では、約 40 坪の住宅で、高性能グラスウールが約 300 ㎡使用で材料費が 34 万円、基礎断熱の押出し法ポリスチレンフォーム 3 種が材料費 25 万円、気密・防湿シートが材料費 4 万 5 千円、気密部材が 16 万 5 千円で、施工費は約 25 万円（断熱、気密・防湿工事費＝ 0.3 人工／坪）となり、合計約 85 万円（約 2 万 6 千円／坪）で高断熱・高気密住宅が出来上がります。これは、外張り断熱に比べればかなりのローコストです。なお、高断熱・高気密住宅とするには、このほかに高断熱のガラス・サッシが必要ですし、さらなる高性能を求めるなら、熱交換換気システムを設置しなくてはなりません。ちなみに、充填断熱に分類されるセルロースファイバーの場合は、専門業者が施工するため、材料費＋工事費は高性能グラスウール 16 K の 2 倍弱になります。

❷軸間の有効活用

　充填断熱工法は、壁の空隙を利用して断熱材を充填するため、軸間が有効に活用できます。たとえば断熱性能を増したい場合には、4 寸柱（一辺が 120 ㎜の柱）に、外壁支持力に問題が少ない範囲の 50 ㎜厚程度の付加断熱にすることによって、合計 170 ㎜の厚さまで無理なく増やすことができます。

高性能グラスウール〔こうせいのう─〕：繊維を細かくすることで高い断熱性能を達成したグラスウール製品の総称。省エネ基準やエコロジー意識の高まりにより、現在はグラスウール製品の主流として使われている。

▶ 木造の屋根・壁の間を有効活用できる充填断熱

在来工法の壁の中は厚さ105mmや120mmの空隙なので、
それを有効利用して断熱材を充填します。
屋根も垂木や登り梁などの105〜200mmの空隙を有効利用して断熱材を充填します。
充填断熱が合理的でローコストな理由はこの点にあります。

防湿・気密シートを施工する前の断熱材の状態

壁の柱間と屋根の垂木間に断熱材を充填する。室内側に防湿・気密シートを施工する

第4章 ｜ 断熱工法の選び方と施工の勘どころ

充填断熱の利点❷
自然系断熱材の簡易施工と防火性

❶ 断熱材の融通性

充填断熱では、ほとんどの種類の断熱材を使うことができます。

❷ 自然系断熱材が使いやすい

断熱材のなかで、環境や人体に低負荷な自然素材のものとしては、セルロースファイバー、ウールなどが挙げられます。これら自然系断熱材はマット状のものが多く、充填断熱に適しています。たとえば、厚さ105mmの壁内にマット状の100mm厚のウール断熱材を充填するといった具合です。また、吸放湿性に優れた自然系断熱材の充填断熱は、平成28年省エネ基準4地域の一部と5地域以西では施工が煩わしい防湿シートを必要としません。防湿シートを施工したとして、ラフな施工ですみます。気密層も、防湿層と分離され、自然系断熱材の外側となる土台・柱・間柱・胴差・桁などの外面に施工でき、工事が簡略化されます。外側の気密層は、タイベックなどの透湿・防水シートや透湿抵抗の低い合板を張ればよいのです。

❸ 高い防火性能

耐用年数が50年、100年以上であることを目指すこれからの長寿命の家は、50年に1回は大きな地震に、100年に1回は極めて大きい破滅的な地震に遭う可能性があります。歴史上、統計上そうですし、品確法にもうたわれています。また、こうした大きな地震には火災がつきものですが、在来工法では気流止め（ファイアーストッパー）、枠組壁工法ではファイアーストッパーが壁のなかを火流が走るのを防ぎ、延焼時間を遅らせることが可能です。グラスウール、ロックウールなどの断熱材は法定不燃材であり防火性があります。

▶自然系断熱材で充填断熱が簡単に

躯体の空隙を利用する充填断熱にはグラスウールやロックウールのほか、ポリスチレンフォームなどのプラスチック系断熱材、セルロースファイバー、ウッドファイバー、羊毛などの自然系断熱材が使われます。
自然系断熱材は繊維が吸放湿するので、結露対策に有利です。

スプルースの繊維を使用したマット状の断熱材を充填

ウールを使った断熱材を充填断熱工法

秋田杉の樹皮ボードを使った断熱材を充填

樹皮粒状の秋田スギを使用した断熱材を充填

グラスウールでも原料にリサイクルガラス（鉱物）を使い、接着剤にコーンスターチ（トウモロコシのデンプン）を使ったものが登場しています。エコ断熱材ながら安く、オススメです。

充填断熱の利点❸
外装材の自由度、食害の少なさ

❶ 外装材の自由度

充填断熱では、外装材が通気胴縁と柱などの構造躯体に直接支持されます。そのため、外張り断熱のように重量によって外装材が限定されず、選定の自由度が大きいことも利点の一つです。

❷ 窓の納まり

充填断熱では、サッシが構造躯体の窓台に載るため、力学的に安定しており、特殊な仕様にしたり、特別に補強する必要がありません。また、サッシとの取合い部分において、内部側の気密・防湿や、外部側の防水施工が煩雑ではないというメリットもあります。

❸ 床断熱の表面温度は比較的高い

基礎断熱の場合は、床表面温度と室内との温度差が3℃以上あるため、冷輻射や直接的な冷たさによって快適さに多少欠けるところがあります。これに対し、200㎜厚の床断熱の場合は、温度差は1℃以下に抑えられるので、満足感が得られます。

❹ シロアリの食害が少ない

床断熱では地面に接するのは基礎のコンクリートだけです。使用する断熱材も、発泡プラスチック系板状断熱材のようにシロアリなどの食害を受けやすいものがないため、基礎外断熱よりも被害がありません。

❺ ボード気密工法の防湿・気密の簡略化

建物の外周に耐力壁を兼ねた合板を張り回して気密をとる、簡易施工法が普及してきています。ボード気密工法では、充填断熱に不可欠であった先張りシートが不要となり、施工が飛躍的に簡単になりました。

冷輻射（れいふくしゃ）：表面温度の低い個所から表面温度の高い個所に輻射熱が移動すること。建築では冬は壁面や窓辺が冷たくなると、人体から壁面のほうに熱が奪われて行くので寒く感じることがあり、これを指すことが多い。この冷輻射を防ぐためには、壁や窓の断熱性能を高めることが重要になる。
先張りシート（さきばり―）：防湿気密シートを壁の室内側に施工する際に、胴差や桁などで防湿気密層を分断されないようにするために、前もって張るシートのこと。

▶ 床断熱は床面の温度が下がらず快適性が向上

床断熱は断熱材を根太や大引の間に充填しますが、
下側は床下空間なので下部に受材することで200㎜厚や300㎜厚など
容易に断熱材の厚みを増やすことができます。
また、基礎断熱に比べて床の表面温度を高く保てるため、
床に接する足裏や体を冷たく感じさせません。

土台・大引間と、根太間にそれぞれグラスウール厚さ100㎜を充填、合計200㎜

下が車庫となる床を床断熱とした。根太間などに合計300㎜の厚さのグラスウールを施工

断熱材の上に防湿・気密シートを施工

窓のサッシと防湿・気密シートの間は気密テープを貼って連続させる

最近は床断熱が増えてきています。基礎断熱のような蓄熱性や床下利用はできませんが、より低コストで断熱材を厚くすることができ、高いU_A値も達成できるからです。

第4章 断熱工法の選び方と施工の勘どころ

充填断熱の利点❹
屋根・天井・桁上断熱の長所

❶ 屋根の形が自由

　天井断熱や桁上断熱では、屋根と断熱・気密部分が独立しています。そのため、谷や隅（稜線）が多数あるL型の屋根や、入母屋屋根、ドーマー付き屋根のように複雑な形をした屋根など、屋根の形が自由にできます。

❷ 屋根断熱の屋根裏利用

　屋根断熱の場合、勾配屋根と天井によってできる三角部分の空間が、書斎や物置などの屋根裏部屋として利用できます。また、小屋組の木梁などが露出できるため、広がりのある天井空間に見せることができます。

❸ 天井断熱、桁上断熱の断熱材の厚さ

　天井断熱や桁上断熱は、断熱材の厚さを200㎜、300㎜、400㎜と簡単に厚くできます。平成28年省エネルギー基準では、高性能グラスウール16Kで1・2地域は230㎜、3地域以西は160㎜なのですが、そうした平成28年省エネルギー基準やその次の基準に対応しやすいといえます。

❹ 天井断熱、桁上断熱の熱橋は少ない

　天井断熱は、天井を上から吊って支える「吊り木」や間仕切壁の柱・間柱などの木材が熱橋となり得るのですが、全体の割合から見れば非常に小さいため、大きな問題にはなりません。また、桁上断熱では、熱橋は小屋束（小屋組を構成する垂直の部材のこと）程度なので、より心配がありません。

❺ 桁上断熱の防湿気密の簡略化

　桁上断熱は天井断熱の長所をそのままに、欠点である防湿気密シート、気流止め、配線・配管、木下地材などによる防湿・気密シートの補修が少なく、施工の煩雑さがないという利点があります。

▶屋根断熱は厚い断熱材をどう納めるかがポイント

大きなせいの垂木を使って断熱材を隙間なく充填している

天井にグラスウール厚さ200mmを敷き込むか吹き込む

● 充塡断熱の屋根断熱の納まり（S＝1:10）

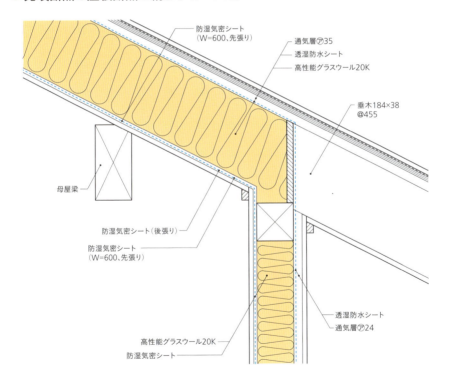

第4章　断熱工法の選び方と施工の勘どころ　　105

充填断熱の欠点は
気密工事の煩雑さ、熱橋の問題

一方、デメリットについても挙げてみましょう。

❶ 気密工事が煩雑

充填断熱は気流止めや、気密・防湿層が必須になります。これらの施工はやや煩雑であるため、充填断熱のデメリットといえるでしょう。グラスウールやロックウールの鉱物繊維は**透湿性**が大きく、吸放湿性が少ないので、結露を防ぐために防湿層が必要となります。ただし、セルロースファイバーなどの自然素材の断熱材ならば、透湿性は高いものの、吸放湿性に富んでいるため、平成28年省エネ基準の4地域の一部と5地域以西では防湿シートはいらないとされています。

❷ 配線、配管計画では融通性に欠ける

充填断熱では、配線・配管の貫入によって防湿・気密層の補修を行う必要があります。そのため、配線・配管の融通性に多少欠けるところがあります。これらを防ぐには、壁や天井の下地をふかして配線スペースなどを設ける方法があります。

❸ 熱橋

充填断熱では、柱、胴差、桁、間柱、土台などの木材の部分で断熱材が切れてしまって熱橋となり、その部分からの熱損失が大きいという難点があります。木部の割合は外壁の面積の約20%を占めます。ただし、木材の熱橋は断熱性能が0ではなく、鉱物繊維系断熱材の1／3～1／4程度はあります。そのため、木材の断熱性能を加味した熱橋は、実際には全体の15%になります。これらの熱橋を抑える方法が付加断熱です。付加断熱によって、充填断熱の熱橋部分を外側から断熱材で覆うことができます。

透湿性（とうしつせい）：水蒸気の通しやすさのこと。木造建築では、壁や屋根の内側で内部結露が発生した際、速やかに排出する必要があるため、壁の外側に施工される部材には、この性能が求められる。

▶すきまや穴は徹底した気密処理が大原則

気密性の低い家では、外の冷たい外気が空隙から隙間風として侵入して家全体を冷やします。
特に外壁に接するコンセントやスイッチの周囲、
外壁を貫通する設備や配管廻りによく隙間ができます。
また、隙間から室内の水蒸気が外壁の中に侵入して結露となり、構造材を腐らせます。

気密コンセントの例

配管の気密処理の例

天窓の気密処理の例

窓の気密処理の例

上の写真にある気密処理とシート気密、ボード気密をしっかりと行えば、隙間相当面積のC値を1.0c㎡/㎡以下にすることができ、慣れてくると0.5～0.1c㎡/㎡まで高めることができます。

第4章　断熱工法の選び方と施工の勘どころ

夏型結露は心配しなくてよい?

　充填断熱でも外張り断熱どちらでも、夏に断熱材の室内側が一時結露する場合があります。これを夏型結露(逆転結露)といいます。かつては、夏型結露への心配がよく話題にのぼっていましたが、現在では、木材の腐朽や断熱材への影響はないと、実際の経験、**非定常**型結露計算、さまざまな実験で実証されています。

　それでも夏型結露が心配な人には、防湿層に、透湿抵抗が高い防湿・気密シート(ポリエチレンシート)の代わりに、防湿・調湿シート(可変透湿シート)の「タイベックスマート」(デュポン)や「ウートップDB2」(ウルトジャパン)「インテロ」(モル・建築エコロジープロダクツ社、エコ・トランスファー・ジャパン)を使用することをお勧めします。

「タイベックスマート」や「インテロ」は相対湿度によって透湿抵抗値が変動するという特徴をもっています。通常時には透湿抵抗が防湿・気密シート並みに高いため、室内側の水蒸気の壁内への浸入を食い止めるのですが、相対湿度が高くなる夏型結露時には透湿シート並みの低い透湿抵抗値になり、壁内の水蒸気を室内側に掃出し、壁内の高湿化を抑制し結露を防ぎます。ただし、「タイベックスマート」などは、通常時であれば、構造用合板より高い透湿抵抗値がでるのですが、より透湿抵抗が高いOSBほどの透湿抵抗値がでない可能性があります。したがって、OSBとの併用は理論上危険といえます。

　なお、タイベックスマートは不織布で補強されているので、破れにくく、耐久性があります。また、焼却した場合も、有毒ガスを発生しないため安全です。

非定常(ひていじょう):物質は、時間や場所によって温度や状態が変化しているが、このことを非定常という。建築の断熱性などを検討する際、本来は非定常の状態で検討する必要があるが、シミュレーションなど複雑な計算を行う必要があるため、製品や基準の数値などは、温度が時間的に変化しない状態を前提とした定常によって算出された数値で紹介されている。最近はソフトウェアなどを使って断熱性などの非定常計算ができるようになってきた。

▶ 夏型結露はこうして防げ！

夏型結露は（逆転結露）を防ぐには、十分に乾燥した木材や合板を使用すること、室内側の防湿・気密シートの代わりに可変・気密シートを用いることが重要です。可変・気密シートによって外気温で蒸された木材から発生した水蒸気を、室内のエアコンで冷やされ結露する前に室内側に放出できます。

● 夏型結露の仕組み

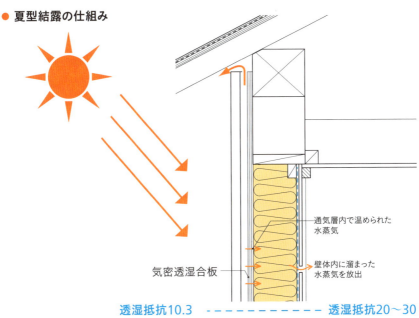

屋根と壁全面に施工されたインテロ。通常の防湿気密シートと同じく壁、床、天井に隙間なく施工する

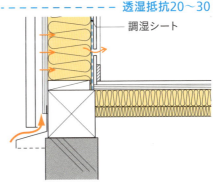

調湿シートは透湿抵抗が20〜30で、外側の合板よりやや高い程度であるため、夏型結露が防げる。もちろん冬の結露も問題ない

第4章 ｜ 断熱工法の選び方と施工の勘どころ

基礎断熱の優れた温熱特性

　基礎断熱は、床下の通気孔を塞ぎ、基礎立ち上がりなどに断熱材を張って断熱する工法です。床断熱の施工を簡略化できるだけでなく、床下空間を乾燥状態に保てるため、防腐・防蟻剤による処理が必要ありません。また、床下を若干暖房して、床面の表面温度を室内温度より1℃前後高い状態にすることで、低温輻射による良好な温熱環境を得られます。

　さらに、床下空間は高湿になりがちですが、梅雨時であっても**相対湿度**を70％前後にできます。湿度75％以下の環境では、腐朽菌の発生のおそれは少ないので、乾燥状態に常に維持できる基礎断熱は、木材の耐久性向上という点でもメリットがあるのです。

　熱環境面でいうと、基礎断熱の床面の表面温度は室温より約3～4℃前後低く、この状態では200mmの床断熱のほうが体感温度は優れています。しかし、前述したように、床下暖房と組み合わせることで良好な温熱環境を確保できます。また、U_A値が0.34W／m^{2}K（Q値が1.3W／m^{2}K）以下の高性能な家の場合は基礎と地面が接する場所に防蟻性の断熱材を設けます。そうでないと暖房した熱が地面に逃げています。高性能な家は熱損失が少なく断熱材を設けない場合は基礎下部から地熱を得られます。高価な床暖房システムが不要になることを考えると、コストパフォーマンスが高い工法といえます。また、熱容量が大きい基礎の立上りコンクリートや**防湿コンクリート**の蓄熱層が、安定した温熱環境をもたらしてくれます。これで日射によるオーバーヒートが防止できます。

　コストは床断熱より若干高くなります。断熱・気密の施工**人工**は減るものの、基礎部分の材料費と施工費が増えるためです。

相対湿度（そうたいしつど）：いわゆる湿度のことで、相対湿度が正しい用語である。大気中に含まれる水蒸気の割合のこと。結露対策は、建築自体の防露対策と、室内環境の相対湿度の管理の両方を行うことが重要である
防湿コンクリート（ぼうしつ　）：建物の床下の地盤面からの水蒸気の発生を防ぐために設ける厚さ6cm以上のコンクリート層のこと。この防湿層は防湿シートでも代用できる
人工（にんく）：作業量の単位で、1日1人が作業できる量を1人工という

▶基礎断熱は床下を室内と同じ環境にすること

基礎断熱はメリットが多い工法ですが、デメリットがないわけではありません。
一番考慮しなければならないのは床下温度が低くなりがちなことです。
床下暖房などの暖房方式の組み合わせが必須になります。
またシロアリ対策も念入りに検討する必要があります。

● 基礎断熱のメリット・デメリット

温熱環境	△床面温度	基礎断熱の床面の表面温度は室温より約3～4℃低い。この状態では、200㎜厚の床断熱のほうが優れている。床下暖房の併用が必須
施工性	○冷暖房	基礎・防湿コンクリートなどの蓄熱量が大きいので、暖冷房の立上りが遅い。ただし、床下暖房を使用した場合、基礎断熱は床下に室内の暖かい空気を呼び込み、床面の表面温度を室温とほぼ同じにできる。床面温度を室温よりも1℃前後上げると良好な温熱環境が維持でき、高価な床暖房の必要がない。また、蓄熱量が多いことで温熱環境が安定し、床暖房に比べて冷暖房費が節約できる
耐久性	○断熱・気密工事	床断熱に比べて断熱施工が容易で、施工精度も高い
	○床下環境	高温になりがちな床下空間を乾燥状態に維持でき、床下部分の木材の腐朽やシロアリの被害を受けにくい。そのため、防腐・防蟻処理を行わない場合は、土台の材種はヒノキ、ヒバ、カラマツ、地盤から1mの高さまでの柱、間柱、筋かい、火打土台、大引、束などの材種はスギ、ヒノキ、ヒバ、カラマツなどに限られる
	○基礎の耐久力	基礎コンクリートが断熱材、モルタルなどの仕上材で保護されるため、酸性雨などによる中性化や、凍結・融解によるコンクリートの凍害を防止できる
	×シロアリの食害	外断熱に使われる発泡系板状断熱材、特に硬質ウレタンフォームがシロアリの食害を受けやすい。基礎外断熱の風除室内や犬走りなどコンクリートに挟まれた高温・多湿になりやすい箇所での使用には注意が必要。ホウ酸処理された防蟻性EPSのリフォームガードなどお恐れが少ない
コスト	△コスト	施工が容易なため、施工人工は減るが、材料費がかかるため、トータルコストがアップする。ただし、基礎断熱のメリットは大きいので、できるだけ予算を調整して基礎断熱に変更したほうがよい
設備への影響	○配管の凍結	床下の給排気、給湯、暖房配管の凍結の心配がなく、不凍栓も不要
	○床下の利用	床下空間を収納やボイラー置き場に利用できる
	○配管・配線の整備	床下空間に配管・配線するので、メンテナンスが容易

基礎断熱は防蟻対策と地下水位への対応も大事

　基礎断熱の泣きどころはシロアリです。プラスチック系断熱材はシロアリの食害を受けるおそれがあるのです。特に、風除室内や犬走りなどのコンクリートに挟まれた、シロアリの繁殖に適した温度・湿度になっている場所で被害を受けることが多くなっています。　したがって、防蟻断熱材や防蟻剤の処理などを行う必要が出てきますが、防蟻剤の使用を避けたい場合は、全面的に基礎内断熱にするか、食害のおそれのあるところのみ、部分的に基礎内断熱にするなどの対策が考えられます。

　防蟻処理を行うなら、薬剤を散布するのではなく、防蟻シートや防蟻断熱材を使うとよいでしょう。これは、薬剤がプラスチックシートのなかに練り込まれたもので、薬剤の成分が土中に流出したり、空気中に拡散することもなく効力も長く続きます。高性能グラスウール 32 K や、高価ですが発泡炭化カルシウム、発泡ガラスなどのシロアリの色害を受けにくいとされる断熱材を使った基礎断熱にするのもお勧めです。

　そのほか、地下水位が高い場合は、地下水に熱が奪われるという心配があります。そのため、防湿コンクリート下や底盤コンクリート全面に断熱材を施工する必要がなります。暗きょ、犬走りなどを設け、防湿コンクリート、面底盤コンクリートを地盤面レベルより高くするのも 1 つの手です。

　凍結震度が深い場合は、基礎の凍上防止のために開発された断熱工法である**スカート断熱**にすることも検討したいところです。

　逆に水位が低い場合で外周のみに U_A 値が 0.3W ／ m^{2}K（Q 値が 1.3W ／ m^{2}K）の熱流率をこえる場合は断熱材を施工し、地面に蓄熱層の役割をもたせるようにします。

スカート断熱（一だんねつ）：基礎断熱工法に適用するもので、建物外周の地中に水平方向に断熱を敷くことをいう。気温が低くなる地域では、地中の表面部分が冷やされるため、基礎に近い個所を断熱することで、基礎周囲の地中の凍結を防ぐことができる。一般的にプラスチック系断熱材など透湿性の高い断熱材が使われる。

▶ シロアリ対策を行ったグラスウールの基礎断熱

基礎断熱は、地面の中や近くに断熱材を施工するため、シロアリの食害の心配があります。
ここでは、シロアリの食害がおきにくいとされるグラスウールを使った例を紹介します。
シロアリに強い断熱材には、このほかにもロックウールや無機発泡系の
断熱材などがあります。

● **防蟻性を高めた基礎外断熱（S＝1:12）**

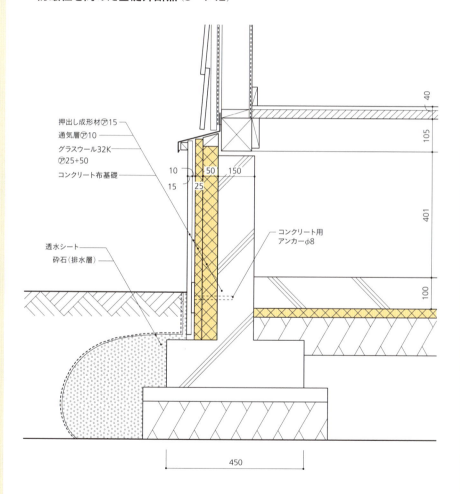

基礎外断熱のメリットを生かす設備計画

　基礎断熱は床下の空気を暖められるのが最大のメリットで、さまざまな発展性をもっています。その発展性を生かしたもののなかでも最も一般的なのは、床下暖房でしょう。

　暖房の形態はコストと好みによって決まりますが、ローコストな方法としては、**FF式ストーブ**を床下に置いて温風を床下に押し出す方法があります。基礎のコンクリートや防湿コンクリートに蓄熱しながら、床下全体が暖まります。その結果、床面の表面温度は室温の約1℃高い程度に保たれ、室内は非常に快適です。この方式の発展形として、サンポットから発売されている床下専用のダクト付きFF式ストーブを使うという方法もあります。ストーブを床下に置くのが心配な方は、代わりに深夜電力蓄熱暖房機や、床下専用温水パネルラジエーターやエアコン（寒冷地の場合は専用のものもあり）を設置するとよいでしょう。

　床下の暖房に計画換気を取り入れるのもよい方法です。床下に設置した計画換気システムの排気ダクト口から床下の空気が吸い込まれ、家の外に排気されることで床下空間が負圧になり、室内の暖かい空気がガラリから床下に引き込まれて、結果的に換気と暖房の両方が低コストで行えます。床下の暖房では最も低コストの方法の1つです。また、地域によっては基礎断熱では基礎立上り面に専用の断熱・気密換気口を設けることで、夏をより快適に過ごすこともできます。これを利用して、夏季は換気口を解放して北側や東側の涼しい空気を換気口から取り込みます。取り込まれた空気は夏の床下の25℃前後の温度でさらに冷やされた後、ガラリから室内に入り、快適な室内環境を保ちます。

FF式ストーブ（えふえふしき―）：強制給排気式のストーブのこと。壁に穴を開けて、給排気を外部で行うため、室内の空気が汚れる心配がなく、換気の必要性もない。しかし、ダクトで常に直結している必要があるため、ストーブの位置を容易に動かすことができない。

▶ 基礎断熱にしただけでは無意味

基礎断熱の優位性をうたっている本を見かけることがありますが、それだけでは不十分です。
床面の温度が室温より冷たくなり、とても不快だからです。
基礎断熱のメリットを生かすには、床下暖房と組み合わせて、床面の温度を調節し、
基礎の蓄熱量を生かす必要があります。

床下暖房のガラリ。室内でいちばん温度が下がる窓際に設置している

ガラリ下に温水放熱器も抜けた場合ガラリを外したところ。床下に設けた放熱器が見える

床下空間は収納スペースに使ってもよい

● 基礎断熱と床下エアコン暖房の例

床下のエアコンを床上から見る

基礎断熱の基礎立上りに設置されたエアコン

第4章 ｜ 断熱工法の選び方と施工の勘どころ　　115

施工性と耐久性に優れる基礎断熱

施工面では床の断熱工事や気密工事が不要となるほか、床断熱に比べて施工が容易で信頼性が高く、省力化ができる点がメリットとして挙げられます。さらに、床下空間に配管・配線を行うため、メンテナンスも容易で、床下の給排気・給湯・暖房の各種配管が凍結する心配もなく、不凍栓が不要となります。もちろん、床下空間を収納やボイラー置き場にも利用できます。なお、西方設計では、耐震性と同時に木造の弱点である熱容量の不足を補う基礎を考え、採用しています。基本は保温性を高めるために断熱材で基礎をくるむことです。この断熱材は地中梁をつくるための捨て型枠（アンコ）を兼用しています。

もう1つのポイントが、床下の立ち上がりをなくして必要な個所にコラムを立てることです。これは床下エアコンに合わせた工夫で、温風が行き渡りやすくなることで、基礎はまんべんなく熱をたくわえることができます。

耐久性については、梅雨時でも相対湿度が70％前後であるため、木材の腐朽やシロアリの食害のおそれが少ないです。また、常時床下が乾燥していることから、材種にもよりますが防腐・防蟻処理をする必要がありません。このほか、基礎コンクリートが断熱材やその上に施工されるモルタルなどの仕上げ材で保護されるため、酸性雨による中性化や凍結・融解による凍害を防止できることもメリットです。

基礎断熱のデメリットとしては、暖冷房の立上りが遅いことが挙げられます。これは前述したように、蓄熱層の蓄熱量大きいためで、熱が溜まりきってしまうと安定するのですが、それまでは熱が吸い取られてしまい、なかなか暖かくなりません。

▶ 基礎断熱にはメリットが多い

基礎断熱は床下暖房を前提にしています。
床の表面温度を室温より数℃高くすることで心地よい低温輻射暖房が得られます。
床全体を暖めるには、内部の基礎の立ち上がりをできるだけ少なくしたオープンな床下空間とし、暖気が床下全体に万遍なく行き渡るようにすることが重要です。

底盤下足り上がり両面は防蟻剤入りビーズ法ポリスチレンフォームの断熱型枠

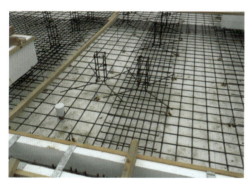

シングル配筋の扁平地中梁は底盤の厚さに埋め込まれる

基礎断熱の完成。立上りの円柱独立基礎は底盤に埋め込まれた地中梁で連続し、耐力壁の両端の柱を受ける

施工が面倒だが、
コスパのよい床断熱

　床断熱は基礎断熱同様、建物の下部を断熱する工法で、床を支える根太や大引の間に断熱材を充填します。基礎断熱のように床下を外気から遮断しないで、基礎立上りに床下換気孔を設けて外気と床下の空気の出入りを行う場合に採用されます。床断熱は、断熱材に耐水性が要求される基礎断熱と異なり、断熱材の種類を問わず施工でき、安価なグラスウールやロックウールなどを使うことでコストを抑えることができます。また、納め方によっては300㎜ほどの厚さまで断熱材を充填することができるので、性能高い断熱材を使用して断熱性能を高めたい場合にも適しています。

　しかし、グラスウールなどを充填した場合、断熱材と床下地材の間に防湿・気密シートを施工する必要があり、それらを貫通する設備配管配線、電気配線、構造材などを気密テープでしっかりと補修する必要があります。また、断熱・気密工事後に設備業者に所構わず床面に穴をあけられないように、事前に設備計画や先行配管などを行う必要があります。

　また、床直下を断熱するため、床表面温度は基礎断熱よりは高くなりますが、基礎断熱に床下暖房を組み込んだ場合よりは低くなります。したがって、床下暖房を行わずに、安価に断熱性能を高めたい場合には、最適な断熱工法といえます。

　U_A 値 =0.34W ／㎡K（Q値 =1.3）以上の高断熱住宅になると、小住宅、つまり室内空間が小さいほうが有利になってきます。住宅の室内空間が大きいと換気量も大きくなり、どうしても熱損失が大きくなり、U_A 値で性能を上げることが困難になります。その場合、床断熱は基礎断熱と違い床下を室内空間に含めないため、換気による熱損失がなく有利です。

床断熱の考え方

床断熱は大引や根太の下端に断熱材受けを設置し、その上に断熱材を充塡します。断熱材の上には防湿・気密シートを張ります。断熱材を簡易に300㎜や400㎜など厚くできます。しかし、柱などの構造材や設備管や電線などの貫通数が多く防湿・気密シート補修が手間取ります。

● **床断熱の納まり**

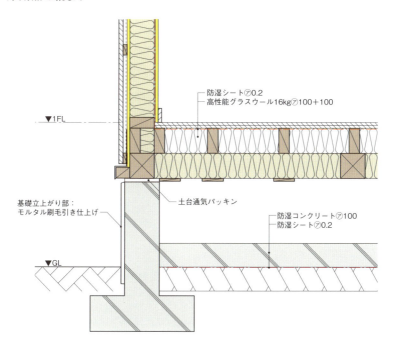

大引と根太の間に断熱材を充塡し、その上（室内側）に防湿気密シートを張る

防湿気密シートを貫通する柱や筋かいの部分は気密テープなどで補修する

第4章｜断熱工法の選び方と施工の勘どころ　　119

屋根・天井の断熱の重要性

　高断熱・高気密住宅の屋根・天井部位の熱損失は、全体に占める割合の約9％となっており、面積の割には少なくなっています。これは、屋根・天井部位の断熱材の厚さがほかの部位の2〜3倍もあり、その分、熱損失が少ないことによります。ちなみに、ほかの部位では、床が約7％、外壁が約27％、窓が約36％、換気が約21％となっています。

　全体に占める熱損失の割合が少ないのだから、熱環境の面では影響が少ないだろうと思われるでしょうが、そうではありません。断熱材を薄くすると、屋根面や天井面で空気が冷やされるために下降気流が多くなり、**自然対流**の流速が早くなります。吹抜けがある広間型の間取りでは、隙間風がないのに、冷やりとした微流が感じられて不快な熱環境になってしまいます。断熱性・気密性を十分に確保して室内の空気の流れの速度は0.2m／秒以下に抑えたいところです。

　夏の暑さ対策のためにも、断熱材は十分な厚さを確保したいところです。平成28年省エネルギー基準では、暖かい地域の5〜7地域でも、断熱材の種類B（グラスウール16Kなど）は、充填で屋根210㎜、天井180㎜もの厚さが必要とされています。断熱材の種類C（高性能グラスウール16Kなど）では、充填で屋根185㎜、天井160㎜の厚さです。断熱材の種類E（硬質発泡ウレタンなど）の外張りでも、115㎜の厚さが必要とされています。

　屋根・天井の断熱は、天井の上に断熱材を載せる「天井断熱」や、桁（横架材）の上に合板を張って断熱材を載せる「桁上断熱」、垂木間に断熱材を充填する「充填屋根断熱」、野地板の上に断熱材を外張りする「外張り屋根断熱」といった4種類に分類されます。

自然対流（しぜんたいりゅう）：暖められて比重が小さくなった空気が上に流れ、一方で冷やされて比重が大きくなった空気が下に流れる現象のこと。換気計画や暖房計画を考える際には、この自然対流による室内の空気の流れを検討する必要がある。なお、ファンなどを使って空気などの対流をつくることを強制対流という。

▶ 桁上断熱は「合理的」断熱工法

冬の寒さ対策はもちろん、夏の暑さ対策の点からも屋根・天井の断熱が注目されています。天井断熱は断熱厚を簡単に増やせる工法ですが、この工法を改良した桁上断熱は天井断熱のメリットをそのままに、気密工事などの煩雑な工事を簡略化した合理化工法です。

● 天井断熱

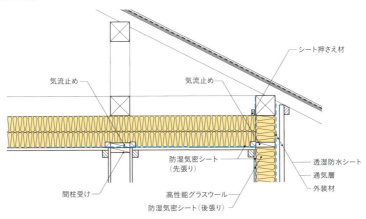

● 桁上断熱

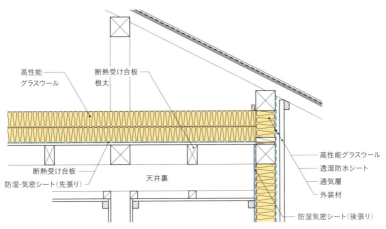

第4章 | 断熱工法の選び方と施工の勘どころ　　121

桁上断熱で
省力化かつ高性能

桁上断熱は、断熱厚を容易に増やせる、屋根の形状に左右されない、といった天井断熱の長所をそのままに、欠点であった先張りシートと気流止めの施工や、配線・配管などによる防湿・気密シートの補修などの手間を減らした画期的な合理化工法です。熱橋も小屋束程度と、極めて少ないものとなっています。施工上のメリットは大きく、天井と外壁および天井と間仕切壁の取合い部分において、桁、小屋梁、頭つなぎなどで空隙を塞ぐといったように、在来工法で弱点となっていた部分に改良が加えられています。そのため、こうした取合い部分に気密化の先張りシートや気流止めを施工する必要がなく、施工精度による性能のムラがなくなりました。

断熱部分で桁上が天井部分と別々になっていることから、凹凸のある天井なども断熱・気密工事のことを考慮せずに通常どおり施工できます。天井断熱と比べて、断熱材受け合板や根太でコストアップしてしまいますが、工程が合理化され、施工が慣れていなくても断熱・気密性能のばらつきがありません。使用される断熱材は、マット状、吹込み断熱材はもちろんのこと、ボード状断熱材も適しています。断熱部分と構造部分が分離されているので、支持材なしでボード状断熱材の重ね張りができ、省エネルギー基準も簡単にクリアできます。

温暖地・寒冷地のどちらにも適用できますが、屋根が複雑になりがちで、従来の工法では断熱・気密施工に手間がかかりかねないことから、設計者と施工者が断熱・気密施工に慣れていない温暖地のほうに向いているといえるでしょう。寒冷地なら、断熱材を低コストで厚くでき、**無落雪屋根**に適しています。これからもっと注目されてよい工法です。

無落雪屋根〔むらくせつやね〕：雪が地面に流れ落ちるのを防ぐために、ほぼフラットなＶ字形状とした屋根のこと。雪の多い地域では、屋根にたまった雪が地面に落ちることで、人的事故や建物周囲の設備・植栽などへの被害、玄関など出入口の封鎖などのデメリットや、勾配屋根の場合の雪下ろし作業の危険性の高さなどから、無落雪屋根とすることが多い。

▶桁上断熱は施工もカンタン

桁上断熱は桁（横架材）の上に合板を張って、その上に断熱材を敷く工法です。
合板の継目をテーピングするだけでカンタンに気密がとれてしまうので非常に合理的です。
また、張った合板が足場になるので、
断熱材の吹込み工事などが大変やりやすいのも特徴です。

最初に合板を一面に張るのでとても施工しやすい

合板と合板の継目は気密テープをしっかりと貼る

断熱材は吹き込み工法が施工しやすく、断熱厚も確保しやすいのでよく採用される

桁上断熱は、桁上面に断熱下地として構造用合板を張るのですが、このことで水平構面が強化され耐震等級3などの高い耐震性能を確保しやすくなります。施工も天井断熱よりしやすいです。

付加断熱でカンタンに
高性能住宅をつくる

　付加断熱工法は、105mmの柱間に断熱材を充填し、その外側にさらに高性能断熱材を外張りして壁の断熱性能を高める工法です。

　充填断熱では構造材の木材部分の熱橋による熱損失がありますが、外壁全体に占める割合は、在来工法の柱や間柱では約17%、枠組壁工法では約23%もあります。付加断熱することによって、こうした熱橋の問題は解消されます。密度36Kのボード状グラスウールの50mm厚を付加すると、その分の熱性能と約17%の熱橋が解決されるので、2倍弱ほど性能が上がることになります。

　厚さ100mmの充填断熱の室内壁の表面温度は室温より約1℃低いのですが、厚さ50mmの付加断熱を加えると約0.5℃しか低くならず、体感温熱環境が良好です。

　付加断熱のコストに関しては、断熱材を付加する分だけコストアップすることになります。密度36Kのボード状グラスウール50mm厚を使用すると、外壁部分は材工共で約1,350円／㎡のコストアップ、40坪前後の住宅で40万円のコストアップになります。充填部分も含めると、材工費は約110万円程度です。これは、発泡プラスチック系断熱材の外張り断熱（外壁50mm厚・屋根100mm厚）とおよそ同程度のコストです。しかし、同程度のコストで、付加部分が増しただけ、外張り断熱よりも高い断熱性能が手に入ります。

　なお、密度36Kのボード状グラスウールは普及率が低いことから値段が高めですが、高性能グラスウール16Kを付加部分に使用すれば、15万円／40坪ほどコストダウンできます。

▶付加断熱工法で高性能住宅に

付加断熱工法とは、充填断熱の外側に断熱材を付加する方法です。
断熱厚がかせげるだけでなく、熱橋もほとんどなくなります。
充填断熱の柔軟性を生かしながら、より高性能化を図ることができる合理的な工法です。
さまざまな断熱材が適用できるのも利点です。

● グラスウールによる付加断熱工法

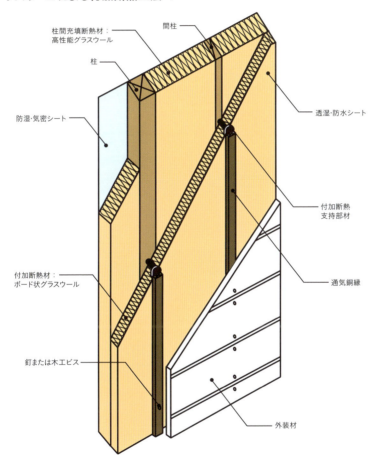

第4章 │ 断熱工法の選び方と施工の勘どころ　　125

付加断熱にもいろいろある

　付加断熱は、「充填＋外張り」が一般的ですが、ほかにも室内側に付加する「充填＋内張り」や、外部側と室内側の両方に付加した「外張り＋充填＋内張り」といった方法があります。このうちの「充填＋内張り」については、防湿シートを充填断熱と同じ場所に施工するので、室内側の付加部分が電気の配線スペースとなり、防湿シートを破損することが少ない点が長所です。夏型結露のおそれも少なくなります。ただし、付加した分だけ内部スペースが狭くなることが欠点です。

　平成28年省エネルギー基準の1・2地域では、充填断熱で壁厚を増やしたり、外壁の中間階床の横架材部分に生じる熱橋の断熱補強のためにそこだけ付加することが現状では不経済であることから、付加断熱が有利です。

　北欧やスイスなどの環境問題に敏感な国々では、外壁でグラスウールやロックウールの厚さ240〜400mm相当ほどの熱性能が推奨されており、戸建住宅では各種の付加断熱が実践されています。また、低層（3、4階建て）集合住宅は木下地の付加断熱や、断熱・木構造パネル（断熱材・構造用面材のほかにサッシ・内装下地・外装を含んだパネル）を採用しているものが多いようです。新築の中層集合住宅では、構造はPC（プレキャストコンクリート）架構で、断熱パネル（断熱材のほかにサッシ・内装下地・外装下地を含んだパネル）がカーテンウォールとして設置されているものが多く見受けられます。こうしたやり方は、充填断熱や外張り断熱の概念とはまったく異なるものです。

　外張り断熱は階段室などの防火上の区画のコンクリート壁に見られる程度です。既存の石造、煉瓦造、RC造の建物では、**断熱改修**は外張り断熱で行われています。

断熱改修（だんねつかいしゅう）：既存建築の断熱性能を向上させるために行う断熱材の追加・補強などを行う工事のこと。特に20年以上前の住宅には断熱性能に問題があるものが多く、省エネや住環境を考えるうえで、断熱改修は重要な工事に位置づけられている。国や地方公共団体も断熱改修の重要性を認識しており、各種優遇制度、補助金制度などが用意されつつある。

▶ 付加断熱は外だけでなく内側にも付加する

● 付加断熱（外＋充填断熱）

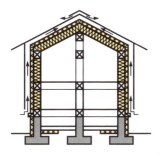

● 付加断熱（外＋充填断熱＋内）

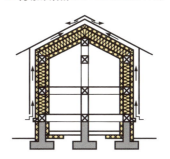

● 付加断熱（外＋充填）

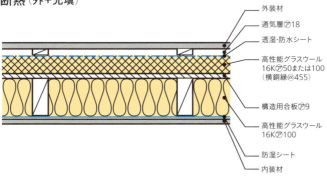

● 付加断熱（外＋充填＋内）

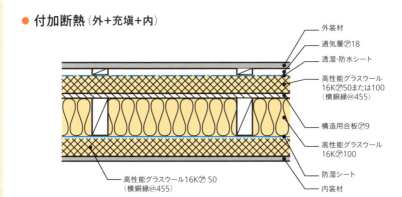

第4章 ｜ 断熱工法の選び方と施工の勘どころ

付加断熱に使える断熱材

　付加部分の断熱材を選択するにあたっては、結露を起こさないようにするため、充填部分の断熱材との透湿抵抗に注意しなければなりません。室内側から外部の通気層に向かって透湿抵抗が相対的により低い素材を使用するのがセオリーです。充填部分は、施工のしやすさから、マット状のグラスウールやロックウールなどの繊維系断熱材がよく使われます。マット状繊維系断熱材は透湿抵抗が低いため、一般的に防湿層に透湿抵抗が高いポリエチレンシートなどの防湿気密シートが使用されています。したがって、ポリスチレンシートより透湿抵抗が低い断熱材を選択することになります。

　付加部分は、ポリスチレンフォームや硬質ウレタンフォームでもよいのですが、コストや防耐火の面からグラスウールなどの繊維系断熱材が使用されます。高性能グラスウール16Kで厚さが100mmの付加断熱部分を施工した場合で、80～100万円／40坪ほどコストアップします。

　ただし、住宅密集地などで隣地境界の距離を保てない場合は、コストアップにはなりますが、より熱伝導率が低い断熱材を使って付加断熱を薄くします。たとえば高性能グラスウール20K（熱伝導率λ=0.034）の厚さ100mmの性能を達成したい場合、ボード状の押出法ポリスチレンフォームのミラフォーム（熱伝導率λ=0.022）を使うと厚さが65mmで済みます。同様に高性能グラスウール16K（熱伝導率λ=0.038）の厚さ100mmであれば、同じミラフォームで58mmの厚さですみます。

　ちなみにポリスチレンフォームなどの発泡プラスチック系の断熱材を高性能グラスウール16K100mm同等の性能分、付加断熱として施工した場合、コストが150万～200万円／40坪となります。

▶ 北欧中欧の付加断熱と外壁断熱パネル

環境先進国である北欧・中欧では、建物の省エネ化のために高断熱が推奨され、付加断熱が盛んに行われています。
ここでは、付加断熱の例のほかに、北欧や中欧などで一般的に用いられている断熱パネルの施工の様子なども紹介します。

ミュンヘン郊外の家族経営型工務店。ウッドファイバー断熱材の枠組工法パネル

スウェーデンのシェレフテオのこども園の使われた断熱材厚さ420㎜の模型

鉄筋コンクリート造建物の外壁のカーテンウォールに使われている木造断熱パネル。防火上の理由からグラスウールやロックウールが充填されている

駐車場の鉄筋コンクリートの壁に施工されたロックウールの外断熱

屋根垂木の間に充填した断熱材と防湿・気密シートのさらに室内側に厚さ50㎜の断熱材を付加断熱した例。一部付加断熱を行わなかった個所は配管スペースになり、配管やスイッチボックスなどが納められる

付加断熱の外壁には
軽い材料が最適

　やや専門的になりますが、付加断熱における外壁の工法についても言及しておきましょう。

　外壁部の納まりについては、付加断熱材部分の支持材の熱橋をいかに少なくし、かつ外装材と通気胴縁の支持力を十分に保持できるかがポイントとなります。ある程度の強度をもつ発泡プラスチック系断熱材の場合、厚さが50mm程度の付加断熱なら通気層の胴縁で押さえることができます。ただし、確実な支持力を得ることや支持力が劣化しないことを考慮すれば、外張り工法と同様に適切な留付けビスを選択しなければなりません。

　グラスウールやロックウールなどの高密度なボード状の断熱材は、通気層の胴縁で押さえるほどの強度がないため、「ジオス（GWOS）工法」のように、熱橋が極めて少ない専用の支持金具が用意されています。

　また、支持金具を使用しない場合は、付加部分に、柱・間柱や通気層の胴縁と直交方向に胴縁を設置し、その隙間に断熱材を充填します。直交方向にするのは、熱橋部分が重ならないようにするためと断熱材をしっかりと支えるためです。なお、胴縁の間隔が大きくなればなるほど熱橋が少なくて済むため、たわみにくいボード状の発泡プラスチック断熱材やグラスウールなどでも密度の高いものを使い、胴縁の間隔を大きくすることもあります。

　付加断熱工法の外装材については、柱面との間に軟質な断熱材があるため、垂れ下がりなどが起こらないように十分な支持力を確保しなければなりません。そのため、外装材の重量は軽ければ軽いほど付加断熱に適しています。軽量な防火サイディングや鋼板、木板などが向いており、重いモルタルやタイルなどは適していません。

▶ 日本の付加断熱

日本でも付加断熱の厚さが50mmから100mmが一般的になりつつあり、まだ少ないながら200mm、300mmのケースも出てきています。
断熱材が厚くなれば、熱橋を抑えつつ強度が保てるように支持方法に工夫が必要です。
断熱材がマット状かボード状によっても支持方法が違ってきます。

グラスウールの厚さ100mmの付加断熱の横間柱支持材の施工です。柱や間柱が縦に施工されているので、支持材を横にすると木材の部分の熱橋が少なくなります。支持材の間隔は455mm～910mmです

高性能グラスウール24Kの厚さ105mmの付加断熱を支持材の間に付加している施工の写真です。充填部分と合わせ210mmの厚さになります

高性能グラスウール24Kの付加断熱が240mm、充填断熱が120mmで合わせ360mmの厚さになります。付加断熱部分は2重になります

押出法ポリスチレンフォームのミラフォーム（λ＝0.022）を厚さ200mm付加断熱しています。充填部分の厚さは105mmあり合計305mm、高性能グラスウール16K相当で厚さ624mmになります

簡単に気密化できる
ボード気密工法

　従来の外壁の充填断熱工法は、室内側に防湿・気密層、壁内に断熱材、その外側に透湿層＋通気層、さらに外側に外装材という構成になっていて、防湿層と気密層は一体になっています。ここで、室内からの水蒸気が壁内の浸入するのを防ぐとともに、気密性能を維持しています。北海道や東北などで豊富な施工実績をもつ工務店などにとっては容易な工法ですが、断熱施工の初心者にとっては、桁と梁や頭つなぎの防湿気密シート張り、コンセントボックス、設備配管などが防湿・気密層を貫通した個所の補修などが面倒に思われています。そこで、研究者などによって外壁の断熱・気密施工を簡略化した工法として、ボード（合板）気密工法が生まれました。

　ボード気密工法の一番の特色は、従来一つにまとめられていた気密層と防湿層を分離したことです。断熱材の外側に構造用合板などのボードを張り気密・透湿層とし、防湿層は断熱材内側の従来通りの気密・防湿層の位置にポリエチレンシートや袋入りグラスウールなどを施工します。

　ただし、従来の防湿気密シート張りのように、隙間をつくらないように丁寧に施工する必要はありません。気密性能を要求されていないことに加えて、施工者の経験と研究者の理論から、防湿層が多少ラフに施工されていても充填されるグラスウールなどの断熱材が結露しないことが分かってきたためです。また、ボードによる気密化も近年普及してきた耐力壁用途の**構造用合板**張りの施工と大きく違わないため、気密工事になれていない大工であっても比較的容易に気密工事を行うことができます。

　なお、エコハウスなどで気密性能をしっかりと確保したい場合は、構造用合板の裏側に気密パッキンを張りつけるなどの処理を行います。

構造用合板（こうぞうようごうはん）：壁面や床面など構造耐力上主要な部分に用いる目的でつくられた合板のこと。主に針葉樹が用いられ、日本農林規格（JAS）で定められている。

▶ボード気密は合板と気密テープで気密をとる

外壁の耐力壁には、構造用面材を使うことが多くなっていますが、構造用面材を使うことで、断熱材を内側から充填することが容易になるほか、柱や梁の間を隙間なく塞ぐことで、気密を取ることも可能になります。

● 気密の方法1

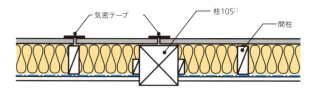

● 気密の方法2

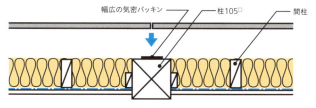

● 根太組の床のボード気密

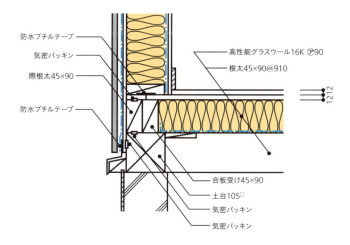

第4章 | 断熱工法の選び方と施工の勘どころ

ボード気密工法は結露しないのか

　これまでの考え方だと、断熱材の外側に水蒸気を透しにくそうな合板があると、壁内の水蒸気が外側に逃げずに結露すると思われていました。しかし、水蒸気は透湿抵抗の低いほうに移動する特徴があるため、室内側から外側に向かって、透湿抵抗の高いものから順次低い建材を配置することで、外部に逃げていきます。ボード気密は、断熱材の内側に透湿抵抗の高い防湿・気密シートがあることで、水蒸気は、それより透湿抵抗の低い合板のほうに流れる習性を利用しているのです。

　気密層となるボードは室内側の防湿層より透湿性が十分に高いものであれば何でもよいです。構造用合板や構造用 OSB で問題ありませんが、構造用OSB の一部には透湿抵抗が高いものがあるため、透湿抵抗の低いものを選んで使用しましょう。また、合板や OSB に使われている接着剤が気になる場合は、ハードボード（硬質繊維板）や「ダイライト」「モイス」が勧められます。これらは透湿抵抗が低いため、壁内の水蒸気を容易に排出してくれます。そして、最も安価に断熱材を施工も簡単にしたい場合は、これらに加え長耳付きの袋入りグラスウールを使うことです。グラスウールの袋に付いた耳部分を柱・間柱・桁・土台部分に伸ばしてタッカーなどで留め、石膏ボードで押さえることで、簡単に防湿層をつくれます。

　ボード気密の際の気密化は、ボード同士の繋ぎ目に上から気密テープを貼る場合とボードが取り付けられる柱との接着面に気密パッキンを挟み込む方法があります。両方を施工している現場がありますが、どちらか一方でよいでしょう。ボード気密は気密層を担うので、防湿層は壁内側のポリエチレンシートでとりますが、シート気密ほど厳密な気密施工は要求されません。

OSB（おーえすびー）：Oriented Strand Board の略で、薄い削片状にした木片を配向させて積層、接着したものである。配向性ストランドボードといわれる。主に構造用面材として耐力壁などに使われることが多い。

▶ボード気密で結露を防ぐ納まりのポイント

下図はボード気密工法を採用した場合の納まりです。
ここでは、室内側に防湿気密シートを施工し防湿を図るとともに、
透湿抵抗の低いほうに排出されるという水蒸気の性質を利用して、
防湿気密シートを越えて浸入した水蒸気が合板側から排出されるように考えられています。

● 新在来工法（ボード気密工法）の断面（S＝1：10）

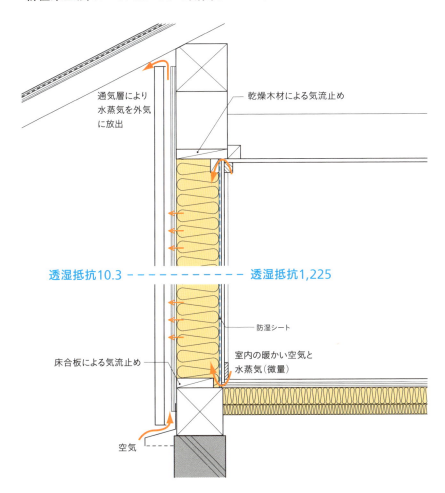

第4章｜断熱工法の選び方と施工の勘どころ

自然系断熱材を使った
透湿防水シート気密工法

　セルロースファイバーやウールなどの吸放湿性や保湿性に優れた自然系断熱材を使用した場合、室内側に防湿・気密層を設けず、外側の透湿防水シートを気密層とする工法です。冬などでも外気と室内との温度差がそれほど大きくはない、平成28年省エネルギー基準の5地域以西（場合によっては4地域でも可能）の地域で採用できます。5地域以西では、理論上、実績上から吸放湿性や保湿性に優れた自然系断熱材は、外壁側に通気層があれば室内側の防湿層がなくても結露のおそれが極めて少ないことが分かってきたため、これら自然系断熱材を採用するケースで一般的に使われるようになってきました。

　基本的には従来の透湿防水シートの張り方とほぼ同じです。シートどうしのつなぎ目や端部をしっかりと気密テープなどで留めていきます。特に透湿防水シートを貫通する窓や設備配管、電気配線などを丁寧に施工します。この方法で、初めての施工者でも簡単に**隙間相当面積**（C値）で1.0cm²前後の気密性能がとれます。

　ただし、セルロースファイバーやウールなどはグラスウールなどと同様に壁内に発生する上昇気流によって断熱性能が低下する可能性があるため、気流止めとして断熱材を充填した1階、2階の壁の上下を塞ぐ必要があります。もちろん、1階、2階の床面については根太レス合板で床全面を隙間なく施工すれば問題ありません。

　また、自然系断熱材を充填してボード気密で気密を取った場合はより簡単になります。通常のボード気密のように気密テープや気密パッキンなどで気密をとれれば、ほぼ気密工事が完了します。

隙間相当面積（すきまそうとうめんせき）：家の気密性（隙間の量）を示す指標のことで、C値（しーち）とも言われる。家全体の隙間の合計面積（cm²）を延床面積（m²）で割ったもので、単位はcm²/m²。この数字が小さいほど気密性が高い。実際には、計算ではなく、気密測定などによって算出される。2009年の次世代省エネルギー基準の改定で、隙間相当面積の基準が削除されたが、断熱性能にかかる重要な数値であり、断熱と気密は併せて考えなくてはならない。

▶透湿防水シート気密は2重垂木でクリアする

簡易な透湿防水シート気密工法のなかで最も面倒な個所は軒桁の垂木の部分で、そのすべてにおいて気密テープによる補修が必要になる

2重垂木にすると透湿防水シートは切れなくなるので、施工がより簡単になる

断熱工法の選び方の最終結論

　これまでの何度かの充填断熱・外張り断熱論争を経て、「外張り断熱でなければならない」という論調はほとんど聞かれなくなりました。かつては、「外断熱」「外張り断熱」を売り文句に仕事がとれたこともありましたが、外張り断熱を扱う住宅メーカーや工務店が増えたことで珍しいことではなくなったことも大きいでしょう。

　また、20年ほど前までは断熱関係の情報源は限られていましたが、拙著の「外断熱が危ない」をはじめとした断熱工法についてフラットな立場で書かれた本や、同様の立場でまとめられた「建築知識」をはじめとする建築専門誌や住宅雑誌の特集などによって正しい断熱に関する知識が普及するようになりました。また、さまざまな断熱材や断熱工法が登場し、またコストもこなれてきて選択肢が増えました。建築関係者の多くも、さまざまな断熱工法を経験し、自明のことではありますがメリット・デメリットが見えてきたようです。結果、現在では家々の個々の設計の考え方やデザイン、コストに合わせて、断熱材や断熱工法を選択するようになったと思います。

　断熱は、工法ではなく、結露の有無、Q値・U_A値・C値の性能、防火性、エコロジー性、費用対効果など、さまざまな点から最適な工法を選ぶべきなのです。そして、同じコストなら、より高性能、より暖かく、より涼しく、より省エネルギーとなる工法こそ優れているのです。

　西方設計では、これらを踏まえて、グラスウールによる壁の付加断熱（胴縁下地）、上部に関しては小屋裏空間の利用の有無などの条件に応じてグラスウールによる屋根断熱と桁上断熱を選択し、下部は防蟻剤入りビーズ法ポリスチレンフォームによる基礎断熱としています。

138

第 5 章

結局、断熱材は何を使えばいいのか

コストやエコロジーで断熱材を選ぶ理由

初期はグラスウール・ロックウール・押出し法ポリスチレンフォームなどが主な断熱材として流通していましたが、その後簡易的な施工性や目新しい市場性をもつ「外断熱」のブームが登場すると、ビーズ法ポリスチレンフォーム・硬質ウレタンフォーム・フェノールフォームなどの板状の発泡プラスチック系断熱材が市場に出回るようになりました。同時期にエコロジー・バウビオロギーの人体や環境への負荷を減少する考え方から、セルロースファイバー・ウール・木繊維断熱材などの自然系断熱材やペットボトルのリサイクルのポリエステル断熱材が加わり、現在ではかなりの種類以上の断熱材になっています。

断熱材に問われるのは断熱性、耐久性、不燃防火性、耐候・耐久性、防蟻性、施工性、エコロジー・バウビオロギー、コスト・費用対効果で、それぞれに一長一短あり完璧な断熱材はありません。断熱材を選ぶには断熱材そのものだけではなく、断熱材の他の防湿層・透湿層・通気層・漏気などの全体の組み合わせや、充填断熱・外張り断熱・付加断熱などの工法も考えなければなりません。

高断熱・高気密住宅が登場して40数年経ち、外断熱と内断熱の論争から20年ほどが過ぎいろいろな経験を経て来た結果、「断熱材は何がよくて何かダメか」というのは一概に言えません。一面的に優劣をつけるのではなく、それぞれに一長一短があり材料の特徴を把握したうえできちんと施工できれば、「断熱材は何でもいい」と言えます。しかし、住宅の予算には限りがありますので、性能が同じであればコストや、現在であればエコロジー・バウビオロギーの度合いによって選択されるでしょう。

環境性や耐久性、価格では、鉱物繊維系が有利

断熱性能に当たる熱伝導率はプラスチック系が優れています。
エコロジーの指標の1つである製造エネルギーは、自然系や鉱物繊維系が優れています。
防蟻性や防火性では、鉱物繊維系や発泡無機質系が優れています。

● 断熱材の通信簿❶

	断熱材	健康性	環境性	耐久性	施工性	価格[※]
鉱物繊維系	高性能グラスウール16K	★★	★★★★	★★★	★★	1
	ロックウール	★★	★★★★	★★★	★★	1
プラスチック系	A種ビーズ法ポリスチレンフォーム特号	★★	★★	★★	★★	2
	A種押出法ポリスチレンフォーム3種	★★	★★	★★	★★	2
	A種硬質ウレタンフォーム2種3号	★★	★★	★★	★★	2.5〜3
	フェノールフォーム	★★	★★	★★	★★	3
	ポリエステル（ペットボトル）	★★★	★★★	★★	★★	1.5
発泡無機質系	発泡ガラス	★★	★★★★	★★★	★★	20
	発泡炭化カルシウム	★★	★★★★	★★★	★★	10
自然系	セルロースファイバー	★★★	★★★	★★	★★★	1.5〜2
	軽量軟質木質繊維断熱材	★★★	★★★	★★	★★★★	5
	炭化発泡コルク	★★★	★★★	★★	★★★★	7.5
	ウール	★★★	★★★	★★★	★★★★	2

・評価は★→★★→★★★→★★★★→★★★★★の順に高くなる
※ 材料のみ。同性能当たりの高性能グラスウール16kを1として算出

特に付加断熱は、1種類の断熱材だけではなく、柱間にはマット状の断熱材、付加断熱部分にはボード状の断熱材をそれぞれ使うなど複合的な使い方も増えてきています。

第5章 ｜ 結局、断熱材は何を使えばいいのか

断熱材の断熱性能・健康・環境性を評価する

❶断熱性能

　断熱性能は 1 ㎡の面積・1 mの厚さ・1 秒間当たりに伝導する熱量の**熱伝導率** λ（W／m・K）で表します。断熱材の区分表などでは、セルローファイバー・ウールなどの自然系とグラスウール・ロックウールなどの鉱物繊維系は断熱材の熱伝導率 λ が 0.040 ～ 0.035 W／m・KのC区分、ポリスチレンフォームなどのプラスチック系は熱伝導率 λ が 0.034 ～ 0.029 W／m・KのD区分と 0.028 W／m・K以下のE区分です。プラスチック系は総じてD区分になりますが、フェノールフォームなどの断熱性能に優れたものはE区分になります。しかし、熱伝導率 λ だけで断熱性能を考えることは片手落ちで、価格当たりの断熱性能の比較が大切になります。

❷健康性・環境性

　自然系が優れていますが、その分コストもグラスウールなどに比べて高くなります。しかし、自然系の中でもセルロースファイバーはプラスチック系よりローコスト、ウールはプラスチック系と同価格帯です。プラスチック系でもペットボトルのリサイクル品であるポリエステル断熱材は、価格はほかのプラスチック系よりローコストでセルロースファイバー並みです。グラスウールは空ビンなどからのリサイクルが 86％で、なかにはベインダーダー（ガラス繊維の接着剤）が植物性のコーンスターチの製品もあります。

　環境性はそれに関する数値の資料が少なく、製造時の**環境負荷**やリサイクル体制を大まかに判断することになります。プラスチック系断熱材などの製造時に使われる特定フロンや代替フロンの問題は近年改善が進み、リサイクルも各メーカーの努力により比率が高くなっています。

熱伝導率〔ねつでんどうりつ〕：物質固有の熱伝導のしやすさを示す数値。λ値ともいう。単位はW／（m・K）。数値が小さいほど熱を伝えにくく、断熱性能に優れた材料であるといえる。同じように、断熱性能を表すものとして熱抵抗値（R値）があり、こちらは熱の伝えにくさを表す数値で、数値が大きいほど熱を伝えにくく、断熱性能に優れた材料であるといえる。なお、R値では、実際の断熱材の厚みも考慮した数値となるため、より使用環境に近い数値といえる。

▶ 断熱性能ではプラスチック系が有利だが、欠点もある

断熱性能に当たる熱伝導率はプラスチック系が優れています。
エコロジーの指標の1つである製造エネルギーは、自然系や鉱物繊維系が優れています。
防蟻性や防火性では、鉱物繊維系や発泡無機質系が優れています。

● 断熱材の通信簿❷

断熱材		熱伝導率 (w/m・K)	製造エネルギー (kWh/㎡)	防蟻性 [※1]	防火性
鉱物繊維系	高性能グラスウール16K	0.038	100 〜 700	★★★	★★★
	高性能グラスウール20K	0.038	100 〜 700	★★★	★★★
	ロックウール	0.038	100 〜 700	★★★	★★★★ ★
プラスチック系	A種ビーズ法ポリスチレン フォーム特号	0.034	695	★	★★
	A種押出法ポリスチレン フォーム3種	0.028	695	★	★★
	A種押出法ポリスチレン フォーム住宅	0.022	695	★	★★
	A種硬質ウレタンフォーム 2種3号	0.024	1,585	★	★★
	A種硬質ウレタンフォーム 1種1号	0.018	1,585	★	★★
	フェノールフォーム	0.020	資料なし	★	★★
	フェノールフォーム1種	0.019	資料なし	★	★★
	ポリエステル（ペットボトル）	0.039	資料なし	★	★★
発泡無機質系	発泡ガラス	0.04 〜 0.06	300 〜 1,000	★★★	★★★
	発泡炭化カルシウム	0.037	資料なし	★★★	★★★★ ★
自然系	セルロースファイバー	0.04	14	—	★★
	軽量軟質木質繊維断熱材	0.045	560 [※2]	—	★★
	炭化発泡コルク	0.045	90	★★★	★★
	ウール	0.04	30	—	★★

・評価は★→★★→★★★→★★★★→★★★★★の順に高くなる
※1　基礎外断熱に使用される場合
※2　バイオマスを使用する場合はより低値

第5章 ｜ 結局、断熱材は何を使えばいいのか

断熱材の製造エネルギーを評価する

　製造エネルギーは、プラスチック系は大きく、鉱物系は中、自然系は少なくなっています。自然系の軽量軟質木質繊維断熱材の製造エネルギーは中ですが、北欧や中欧ではエネルギー源を石油や電気から木質廃材のバイオマス発電（蒸気製造）に変えているので、小に分類されています。

　東京で平成28年省エネルギー基準のモデルプランの家一軒分（床面積150㎡）の断熱材の製造時のCO_2の排出量を見てみると、グラスウールで524kg -CO_2、ウレタンフォーム（代替フロンＨＦＣ134ａ発泡）で14.127kg -CO_2（グラスウールの約27倍）、ウレタンフォーム（水発泡）で2.041kg -CO_2（グラスウールの約4倍）、ポリスチレンフォーム（代替フロンＨＦＣ245fa発泡）で34.092kg -CO_2（グラスウールの約65倍）、押出し法ポリスチレンフォーム（炭化水素発泡）で1.478kg -CO_2（グラスウールの約3倍）です。

　製造エネルギーの削減は、総合的な省CO_2に必要で、製造時にCO_2の排出量が極めて多い押出し法ポリスチレンフォーム（代替フロンHFC245fa発泡）はFF式灯油ボイラーによる暖房のCO_2排出量の約16年分です。つまり、CO_2排出量が大きい断熱材を使ってしまえば、どんなに断熱材を厚くして省エネしても、CO_2排出量削減には役立たないのです。

　省エネルギーはLCCM（ライフサイクルカーボンマイナス住宅）の考えで、冷暖房や設備の一次エネルギー消費量だけでなく、建材製造時や住宅施工時や維持管理時や廃棄時の総合的な一次エネルギー消費量を考えるようになってきました。断熱材の選択の材料に、「製造一次エネルギー消費量の低さ」を加えましょう。

代替フロン（だいたい―）：オゾン層破壊効果が懸念される特定フロンの代替として産業利用されている合成化合物（ガス）のこと。ただし、代替フロンも温室効果ガスであり、オゾン層破壊効果が懸念されるため、その代わりとなる物質の開発が希求の課題となっている。建築分野では、プラスチック断熱材などを製造する際に、特定オゾンの代わりに使われていたが、先の問題もあり、新たな発泡材への切り替えが進みつつある。

▶ プラスチック系の断熱材は発泡方式でCO₂の量が大きく変わる

製造時のCO₂排出量からグラスウールとプラスチック系の断熱材を比較すると、
グラスウールが格段に優れていることが分かります。
しかし、プラスチック系の断熱材でも、
発泡方式によってCO₂排出量が大きく変わることも事実です。
表からは代替フロンに比べて、現在の主流となっている水発泡などが
大幅にCO₂を削減することが分かります。

● 断熱材製造時のCO₂排出量のモデル住宅でのシミュレーション
（6地域［東京］、150㎡一部2階建てプラン）

| | | 使用した断熱材の厚さ(mm) | | | | 断熱材のCO₂ | | |
| | | 屋根 | | 外壁 | | 基礎 | 単位体積CO₂ | CO₂排出量 | 床面積当たり |
		充填	付加	充填	付加		kg-CO₂/㎡	kg-CO₂	kg-CO₂/㎡
高性能グラスウール16K（基礎はグラスウールボード32K）	次世代基準	120	—	50	—	50	50	30.4	524
	50%削減	165	—	100	—	80	80	30.4	839
ウレタンフォーム（HFC134a発泡）	次世代基準	—	60	—	30	50	50	1,350	14,127
	50%削減	—	90	—	45	80	80	1,350	21,342
ウレタンフォーム（水発泡）	次世代基準	—	60	—	30	50	50	195	2,041
	50%削減	—	90	—	45	80	80	195	3,083
押出し法ポリスチレンフォーム（HFC245fa発泡）	次世代基準	—	60	—	40	50	50	2,907	34,094
	50%削減	—	90	—	60	80	80	2,907	51,466
押出し法ポリスチレンフォーム（炭化水素発泡）	次世代基準	—	60	—	40	50	50	126	1,478
	50%削減	—	90	—	60	80	80	126	2,231

出典：新住協＋鎌田紀彦室蘭工業大学名誉教授

第5章 ｜ 結局、断熱材は何を使えばいいのか

断熱材の
防耐火性能を評価する

　素材として防火認定されているのは鉱物繊維系のグラスウールとロックウールであり、ロックウールは特に優れています。ロックウールは 1,500 〜 1,600℃の高温にならないと溶融しないため、実質燃えないと考えてよいです。グラスウールは 250 〜 350℃で溶融しますが、住宅の火事でここまで温度が高くなることは極めてまれです。今後登場が予定される大型木造集合住宅は特に耐火性能が望まれ、ヨーロッパのようにロックウールの需要が増すでしょう。

　プラスチック系や自然系は難燃剤などの混入や他の建材との組み合わせで個別に認定を取っています。建材との組み合わせで認定されたものに付いては、各自の設計仕様に合うかどうか個別に認定の確認が必要があります。

　また、セルロースファイバーやウッドファイバーなどの自然系断熱材の難燃剤はホウ素系化合物であると明示されていますが、プラスチック系断熱材の難燃剤はほとんど公表されていません。

　断熱材で見落としがちなのは防火性で、火災や地震に無防備だった江戸では 15 年に 1 回は都市火災や地震にあっていました。現在日本の住宅の寿命は 30 年前後となりましたが、アメリカの 75 年、スウェーデンの 90 年から比べると著しく短いです。しかし、住宅の高断熱・高気密化によって、壁中が乾燥し木材が腐ることなくスウェーデンの住宅並みの長寿命になるため、火災に遭う機会が多くなります。日本ではマグニチュード M8.0 以上の巨大地震が 10 年で 2 回、M7.0 以上の大地震が年 3 回平均で起こっています。地震と火災は付き物であり、大きな都市災害にならないように住宅を包む断熱材は防火・耐火性をもたなければなりません。

環境負荷（かんきょうふか）：主に地球環境に与える負荷、マイナスの影響のこと。環境負荷には、人に由来する、廃棄物、公害、土地開発などや、自然的に由来する、気象、地震、火山などがある。建築分野では、産業廃棄物のほか、二酸化炭素の問題が、大きく注目されており、特に近年では、建築物から排出される二酸化炭素量を減らす、つまり省エネルギーを考えることが重要になっている。

防火研究の先進、EUの建築材料防火等級

ヨーロッパEUの建築材料防火等級はA1 〜 Fまで7つに分けられています。
燃焼のほかに、火災時に人の命に関わるフラッシュオーバー、煙量、
燃焼液状粒子の領域でレベル分けされています。
フラッシュオーバーを起こさない材料はA1、A2、B、
フラッシュオーバーを起こす材料はC 〜 Fと分類されます。
煙量、燃焼液状粒子はA2、B、C、Dのレベルについて評価されます。
発煙性とそのレベルはS1(小)、S2(中)、S3(多)に分けられます。
燃焼液状粒子性とそのレベルはD0(小)、D1(中)、D2(多)に分けられます。

● EUの建築材料防火等級

燃えにくい		
	A1	グラスウール、ロックウールなど
		不燃性試験および発熱性試験をパス
	A2	石膏ボードなど
		シングルバーナー燃焼試験および不燃性試験またはシングルバーナー燃焼試験および発熱性試験をパス
	B	塩化ビニルなど
		スモール火炎試験(接炎30秒で火炎伝播15cm未満)とシングルバーナー燃焼試験(発熱速度120W／秒未満)をパス
	C	フォノールフォームなど
		スモール火炎試験(接炎30秒で火炎伝播15cm未満)とシングルバーナー燃焼試験(発熱速度250W／秒未満)をパス
	D	合板など
		スモール火炎試験(接炎30秒で火炎伝播15cm未満)とシングルバーナー燃焼試験(発熱速度750W／秒未満)をパス
	E	発泡ポリスチレンフォームなど
		スモール火炎試験(接炎15秒で火炎伝播15cm未満)
燃えやすい	**F**	ポリウレタンフォームなど
		未評価またはスモール火炎試験に不合格

第5章 結局、断熱材は何を使えばいいのか　　147

断熱材の防蟻性・施工性・コストを評価する

❶ 防蟻性

　防蟻性は基礎断熱に使用される場合のみを解説します。鉱物系は防蟻性が大で、メーカーではその防蟻性を生かした基礎外断熱専用のシステムを提供しています。発泡プラスチック系は中〜小ですが、ビーズ法ポリスチレンフォームや押出し法ポリスチレンフォームのメーカーには防蟻剤を混入し防蟻性をもたせた10年保証のシステムが用意されています。自然系では炭化発泡コルクが高価ですが燻製状態から防蟻性があるとされています。ほかに耐蟻性が高いのは高価ですが発泡ガラスが挙げられます。

❷ 施工性

　施工性の善し悪しは断熱材の種類によるのではなく、施工技術の善し悪しと認知されているため、個々の評価は難しいですが、防湿処理の施工精度が要求されないセルロースファイバーとウールとポリエステルは、施工性がよいといえます。ただし、平成28年省エネルギー基準の4地域の一部と5地域以西に限られます。

❸ コスト

　断熱材を選ぶ基準は費用対効果が大きいです。価格は同性能当たりの高性能グラスウール16kを1とし、それぞれの価格をその倍数としてみると、同様にローコストといえるのが、ロックウール、2〜3倍程度の中はプラスチック系、5倍以上の大は自然系の中の軽量木質繊維断熱材や炭化発泡コルクです。健康性や環境性に優れた自然系のセルロースファイバーとウールは1.5倍から2倍程度、ポリエステル断熱材は1.5倍程度で使いやすい価格帯といえます。

▶ シロアリは基礎断熱の大敵

基礎断熱の事例が増えるにつれ、
断熱材がシロアリに食われる事例が報告されるようになりました。
寒冷地の被害は少ないですが、暖かいところではシロアリ対策を考える必要があります。
シロアリの被害は断熱材の種類によっても変わり、
無機系の断熱材が有利なようです。

● **断熱材の種類とシロアリの食害の関係**

断熱材	食害度	備考
グラスウール	★	蟻道あり
ロックウール	★	蟻道あり
セルロースファイバー	★	蟻道あり。15日で100%死亡
押出し法ポリスチレンフォーム	★★～★★★	食害を受ける
ウレタンフォーム	★★★	極端に食害を受ける

注　上記のデータは、東京農業大学農学部林学科林産科学研究所が行ったイエシロアリの食害試験による。実験は、マツ材枠組に各種断熱材を入れ、それぞれの飼育びんにイエシロアリの職蟻500頭、兵蟻50頭を投入し、30℃の恒温機内に40日間飼育して、断熱材の食害状況を観察した
出典：硝子繊維協会

シロアリは「食べないものはない」そうで、完全な食害防止はできないと思ったほうがよいです。防蟻性のある断熱材を使うとともに、基礎コンクリートの継ぎ目がないよう工法や施工にも工夫しましょう。

床・基礎断熱の費用対効果

　温暖地の5・6地域以西の平成28年省エネルギー基準のU_A値 = 0.87 W／㎡K（Q値 = 2.70 W／㎡K）を満たすことを前程に、床・基礎の部位ごとで使用される代表的な断熱材を費用対効果で比較してみます。

❶床

　床断熱では高性能グラスウール16K厚さ100㎜（約1千円／㎡）で十分以上です。発泡プラスチック系では厚さ75㎜（約3,000円／㎡）、セルロースファイバーでは厚さ100㎜（約2,250円／㎡）必要です。高性能グラスウールはローコストなので、根太間105㎜充填＋大引間105㎜充填の合計200㎜と倍の厚さにしても2,000円／㎡で、熱抵抗値5.2㎡・K／Wと高性能になります。

❷基礎

　基礎外断熱はシロアリの被害が少ない寒冷な4地域以北で主に使われ、基礎内断熱はシロアリの被害が多い5・6地域以西で主に使われている工法です。断熱材は押出し法ポリスチレンフォームなどの発泡プラスチック系で厚さ50㎜（約2,000円／㎡）のものが多く使われています。地下水位が高く熱が奪われる敷地では土間コンクリートの下に全面発泡プラスチック系を敷き込みます。そうでない場合は外周に1mの幅で発泡プラスチック系を敷き込み、中央部分は地面を蓄熱層として利用するので敷き込む必要がありません。U_A値 = 0.87 W／㎡K（Q値 = 2.70 W／㎡K）以上の高性能にするには基礎の立上りの両面に厚さ50㎜の発泡プラスチック系を両面に張ります。寒冷地では厚さ100㎜の発泡プラスチック系を両面に張った高断熱仕様も増えています。

基礎外断熱〔きそそとだんねつ〕：基礎立上りの外側に断熱材を施工すること。基礎断熱には、基礎立上りの内側に断熱材を施工する基礎内断熱と、この基礎外断熱に分けられ、基礎外断熱とすることで、断熱性能の向上や、基礎コンクリート部分を蓄熱層として利用できるなど、さまざまなメリットが得られる。一方で、断熱材が露出し、さらに地中に埋められるため、シロアリの被害などの問題もあり、シロアリの発生地域では、防蟻対策と併せて行うことが重要である。

▶ 床下の断熱ではグラスウールの床断熱がコスパが高い

費用対効果が最も優れているのは、グラスウールになります。
ただし、基礎断熱の場合は、プラスチック系の断熱材を使うのが一般的なので、
単純に考えると基礎断熱自体がコストアップする工法といえます。

● 床／基礎の断熱材別費用対効果
（熱抵抗基準値　充填:外気に接する床＝3.3、その他の床＝2.2／外張り:外気に接する床＝2.5）

材料単価 (円/㎡)	高性能グラスウール16K 厚さ(mm)	熱抵抗値 (㎡・K/W)	セルロースファイバー ウール、ポリエステル 厚さ(mm)	熱抵抗値 (㎡・K/W)	発泡プラスチック系 厚さ(mm)	熱抵抗値 (㎡・K/W)
1,000円	100	2.6	50	1.3	25	0.87
1,500円	150	4	75	1.9	40	1.30
2,000円	200	5.2	—	—	50	1.74
3,000円	300	7.8	150	3.9	75	2.61

床断熱は単純かつローコストに断熱厚さを増やしやすいというだけではなく、床下空間をU_A値の計算に含まないということも、U_A値の数値向上に大きく貢献している理由なのです。

壁断熱・屋根断熱の費用対効果

❶壁

　充填断熱では、高性能グラスウール 20 K 厚さ 100mm（約700円／㎡）が基本となります。発泡プラスチック系では厚さ 75mm（約3,000円／㎡）、セルロースファイバーでは厚さ 100mm（約3,800円／㎡）が同等の性能になります。

　外張り断熱では、厚さ 50mm の押出し法ポリスチレンフォーム 1 類が、平成28年省エネルギー基準の 5・6 地域の熱貫流率 U_A 値＝ 0.87 W ／㎡ K、熱損失係数 Q 値＝ 2.70 W ／㎡ K をクリアします。厚さ 50mm の押出し法ポリスチレンフォーム 3 類（約2,400円／㎡）を使うと Q 値＝ 2.31 になり、4 地域の U_A 値＝ 0.15 W ／㎡ K（Q 値＝ 2.40 W ／㎡ K）をクリアします。

　なお、これからの住宅を考えるのであれば、HEAT20 の G 1 や G 2、新住協の Q1.0 住宅などを標準とすべきで、付加断熱を前提と考えるべきです。コストは高性能グラスウール 24K100mm を付加断熱した場合、約 40 万円／ 40 坪が追加でかかりますが、省エネ効果や快適性は格段に向上します。

❷屋根

　屋根の充填断熱の場合、平成28年省エネルギー基準の 5・6 地域の仕様規定では高性能グラスウール 20 K 厚さ 185mm（約3,400円／㎡）が必要ですが、性能規定で考えると厚さ 100mm で十分です。ただし、これでは断熱性能が心もとないので、2 重垂木などにして断熱材を充填するスペースを増やすか、屋根の納まりを考えずに断熱材の厚さを増やしたい場合は、コストがややかかりますが、垂木間に発泡プラスチック断熱材を充填するか、吹込み用のグラスウールなどを使って天井断熱や桁上断熱にするとよいでしょう。

▶ 壁や屋根でもグラスウールの費用対効果が高い

壁や屋根でも費用対効果が最も優れているのは、グラスウールになります。
ただし、小屋裏空間利用の有無のほか、納まりなどの大きく影響する部位なので、
コスト以外の面で断熱材を決定することも多くなる部位と言えます。

● 壁の断熱材別費用対効果（熱抵抗基準値　充填：壁＝2.2／外張り：壁＝1.7）

単価 （円/㎡）	高性能グラスウール 20K		セルロースファイバー、ウール、ポリエステル		発泡プラスチック系		軽量木質繊維 断熱材	
	厚さ （mm）	熱抵抗値 （㎡·K/W）	厚さ （mm）	熱抵抗値 （㎡·K/W）	厚さ （mm）	熱抵抗値 （㎡·K/W）	厚さ （mm）	熱抵抗値 （㎡·K/W）
700円	100	2.6	50	1.3	25	0.87	20	0.45
2,550円	150	4	75	1.9	40	1.3	30	0.68
3,400円	200	5.2	100	2.6	50	1.74	40	0.9
5,100円	300	7.8	150	3.9	75	2.61	60	1.35

● 屋根／天井の断熱材別費用対効果
（熱抵抗基準値　充填：屋根＝4.6、天井＝4.0／外張り：屋根·天井＝4.0）

単価 （円/㎡）	高性能グラスウール 20K		セルロースファイバー、ウール、ポリエステル		発泡プラスチック系		軽量木質繊維 断熱材	
	厚さ （mm）	熱抵抗値 （㎡·K/W）	厚さ （mm）	熱抵抗値 （㎡·K/W）	厚さ （mm）	熱抵抗値 （㎡·K/W）	厚さ （mm）	熱抵抗値 （㎡·K/W）
700円	100	2.6	50	1.3	25	0.87	20	0.45
2,550円	150	4	75	1.9	40	1.3	30	0.68
3,400円	200	5.2	100	2.6	50	1.74	40	0.9
5,100円	300	7.8	150	3.9	75	2.61	60	1.35
6,800円	400	10.4	200	5.2	100	3.48	80	1.8

第5章 | 結局、断熱材は何を使えばいいのか

グラスウールは日本で
最も使われている定番断熱材

　グラスウールの原料は、珪砂、石灰石、苦灰石、長石、ソーダ灰などです。これらの原料を溶かして繊維状にしたものに接着剤（熱硬化性樹脂）を吹き付けて加熱成形します。形状としては、マット、ボード、粒などがあります。日本では断熱材のなかで最も多く使われています。

　グラスウールには透湿性があるため、壁や天井の内側に防湿層が必要になります。また、風を通す性質もあるため、壁の外側に防風層、壁の上下に気流止めが欠かせません。高断熱・高気密・**全室暖房**・計画換気の仕様にそった施工を行えば、断熱材の結露、ずれ下がり、劣化などのトラブルは起きません。はじめから防湿層が付いた袋入りのグラスウール断熱材が発売されていますが、ある程度施工に慣れると袋なしのもののほうが施工しやすいそうです。粒状のグラスウールは専門業者による吹込み施工になります。

　近年、繊維が細くなった 16 K、24 K などの高性能型が出てきて、性能と品質の向上が見られます。断熱性能は、次世代省エネルギー基準の記号別断熱材の種類によると、高断熱の標準仕様としての高性能グラスウール 16 K では、熱伝導率が 0.038 W／m K となっています。

　価格は、100 m 厚で約 1,000 円／㎡前後と、硬質ウレタンフォームの約 1／2.5 であり、非常に安価です。**1 次製造エネルギー**は、1 ㎡当たり 100 ～ 700 kWh と大きく、石油製品の硬質ウレタンフォームやポリスチレンフォームの断熱材よりは低いものの、自然素材の炭化発泡コルクや亜麻繊維の断熱材よりは高くなっています。また、主原料の 85％を回収された空ビンのガラスや生産工場内の破棄ガラス繊維をリサイクルして再利用している点は評価できます。

---

1 次製造エネルギー（いちじせいぞう—）：1 次エネルギーのこと。基本的に自然界に存在するままのかたちでエネルギー源として利用されているもので、石油・石炭・天然ガスなどの化石燃料、原子力の燃料であるウラン、水力・太陽・地熱などの自然エネルギーなど自然から直接得られるエネルギーのことをいう。なお、電気・ガソリン・都市ガスなど、1 次エネルギーを変換や加工して得られるエネルギーのことを 2 次エネルギーという。

▶ グラスウールは、お茶と同程度の発ガン性

グラスウールは、国際ガン研究機関の発ガン性分類において、
断熱材のなかで唯一、グループ2Bに分類されていましたが、
近年、見直しが行われ、その他の断熱材と同等のグループ3に分類されました。
この変更によって、すべての断熱材について、発ガン性の心配はないと考えてよいようです。

● 国際ガン研究機関のヒトに対する発ガン性分類

区分	評価	品種
グループ1	ヒト発がん性	アスベスト・ホルムアルデヒド・たばこ・アルコール飲料
グループ2A	たぶんヒト発がん性がある	紫外線、ディーゼル排気ガス
グループ2B	ヒト発がん性の可能性がある	コーヒー・ウレタン・スチレン
グループ3	ヒト発がん性に分類し得ない	グラスウール・ガラス長繊維・ロックウール・ポリエチレン・ポリスチレン・ポリウレタン・お茶・カフェイン
グループ4	たぶんヒト発がん性がない	カプロラクタム

安全性低い → 安全性高い

今後は発がん性などのマイナス面だけでなく、断熱材を使うことによるヒートショックの削減や、室内温度差のないことによる病気リスクの軽減や寿命との関係など、プラスの研究が進むことがのぞまれます。

第5章 ｜ 結局、断熱材は何を使えばいいのか

ロックウールは価格・性能とも
グラスウールと同等

　原料は、玄武岩または鉄鋼スラグです。ロックウールはケイ酸分と酸化カルシウム分を主成分とした鉱物を溶かし、繊維状、綿状にしたものであり、熱硬化性のバインダーによって調整され、一定の密度、厚さになってボード状、フェルト状に形成されます。この他の形状は、マット状、粒状、バラ綿などがあります。軽くて断熱性や防火・耐火性、吸音性、耐久性があることが特徴です。

　施工にあたっては、透湿係数が高いため、防湿層が必要となります。日本でのシェアは少ないのですが、北欧ではＲＣ造や基礎の地中部分の外断熱にも使用され、木造建築でもグラスウールと同じくらいのシェアがあります。

　断熱性能は、熱伝導率が 0.039 W／mＫで、高性能グラスウール 16 Ｋとほど同等。価格も 100㎜厚で約 1,000 円／㎡前後と、100㎜の高性能グラスウール 16 Ｋと同じ価格帯になっています。また、１次製造エネルギーなど、健康や環境への負荷の点もグラスウールと同様です。

ロックウールはグラスウールと共に法定不燃材で、特に防火性・耐火性が高い。700℃まで加熱しても形が変わらず、繊維も変質しない。つまり、燃えにくく、溶けにくい材料なのだ。これからの木造建築の大型化や広域な都市災害に対応しもっと使われてよい断熱材である

ビーズ法ポリスチレンフォームは軽くて高緩衝性

　ポリスチレン樹脂と発泡剤（ブタン、ペンタン、水など）が主な原料です。形状はボード状で、ポリスチレン樹脂を発泡剤や難燃剤を添加してビーズ状にしたものを、蒸気を使用して発泡成形します。細かい独立気泡から構成されています。一般には「発泡スチロール」と呼ばれ、梱包材として使われています。建業分野では EPS とも呼ばれています。

　透湿係数が低く耐水性があるほか、軽くて緩衝性も高い断熱材です。したがって、外壁や屋根だけでなく、基礎廻りの断熱材としてよく使われます。建築に用いられるものは難燃剤を添加し、自己消火性をもたせています。

　断熱性能は、熱伝導率が 0.034 〜 0.043 W／m K で、後述する押出し法ポリスチレンフォーム 1 種から 2 種とほぼ同等です。価格は 50㎜厚で 100㎜厚の高性能グラスウール 16 K の約 2 倍弱です。また、1 次製造エネルギーが 1㎥当たり 695 kW と大きいことも難点です。リサイクルについてもさまざまな形で行われているようです。

ホウ酸が混入された防蟻・防腐ビーズ法ポリスチレンフォームは基礎断熱材として最適である。防蟻・防腐に化学薬剤を使わず、鉱物系のホウ酸は毒性もなく防蟻・防腐の効用が長期に渡る

自己消化性（じこしょうかせい）：火に晒されていれば燃え続けるが、火から離れれば燃焼を継続しない性質のこと。プラスチック系断熱材の多くは、難燃剤が添加されおり、このような性質をもっている。

押出し法ポリスチレンフォームは基礎断熱の定番

　ポリスチレン樹脂と難燃剤、発泡剤（炭化水素など）を混ぜ、発泡させながら押し出して成形したもので、独立した微細な気泡から構成されています。形状はボード状で、XPS や主要な製品名の略である「スタイロ」と呼ばれることも多いです。

　硬質で耐圧力があり、吸水・吸湿性、熱伝導性が小さいことが特徴で、外張り断熱工法や基礎断熱などによく使用されています。高断熱として使用される3種の断熱性能は、熱伝導率が 0.022 〜 0.028 W／m K と断熱性能が高く、透湿係数も高くありません。価格は 50mm 厚で 100mm 厚の高性能グラスウール 16 K の約 2 倍です。施工にあたっては、基礎外断熱に使用する場合は、シロアリ対策が必要となります。

　環境に関しては、一次製造エネルギーが 1m³ 当たり 695 kWh と大きいことが難点です。リサイクルに関しては、回収システムやリサイクルによる再製品化の仕組みができつつあるようです。

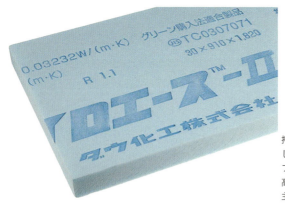

押出し法ポリスチレンフォームとして最も名が通っているスタイロフォーム。スタイロエースはその高性能版で、エコハウスなどでは主にこの製品が使われる

炭化水素（たんかすいそ）：炭素原子と水素原子だけでできた化合物の総称である。プラスチック断熱材の多くで、代替フロンの代わりとして発泡剤に使われるようになってきている。オゾン破壊係数、地球温暖化係数ともに低い。

硬質ウレタンフォームは外張り断熱の定番

　主な原料はポリイソシアネート、ポリオール、発泡剤（特定フロン、代替フロン、炭化水素、水）です。ポリイソシアネートとポリオールを主原料に、発泡剤、難燃剤、触媒などを加えて反応させ、ポリウレタン樹脂を生成します。それに発泡剤を加えて硬質ウレタンフォームが出来上がります。形状については、ボード形状のものと現場発泡の2種類があります。

　熱伝導率は0.018～0.024W／mKと断熱性能が高く、透湿係数は低いものです。価格は、50mm厚で100mm厚の高性能グラスウール16Kの約2.5～3倍となっています。

　施工にあたって、基礎外断熱に使用する場合は、シロアリの被害を受けやすいので、対策が必要となります。また、難燃剤が含まれており、小さな火などでは着火しないものの、燃える性質があるため、施工時などでは火気などに十分な注意が必要です。

　健康と環境に対しての問題点は、1次製造エネルギーが1㎥当たり約1,585kWhと大きいことや、石油化学製品であり、発泡剤、難燃剤などの問題が挙げられます。

　なお、発泡剤は、近年ではオゾン層破壊を考慮して、**特定フロン**や代替フロンから炭化水素、水発泡などに移行しています。

　リサイクルについては、材料の特性から比較的不得手とされてきましたが、現在では固形燃料や建材などへの再生利用が進められているようです。

　近年は現場発泡の製品が、施工性の面からシェアを伸ばしていますが、製品によって性質が大きく異なるので、気密性の保持やリサイクルなどの点では、注意深く選択する必要があります。

特定フロン（とくてい―）：モントリオール議定書で特にオゾン層破壊に影響が強いとされたフロン類を指す。オゾン層保護のため国際条約により規制の対象となっており、同議定書により2010年までの全廃が決定している。かつてはプラスチック断熱材の発泡剤として使われていたが、現在の製品には使用されていない。

フェノールフォームは高い断熱性が魅力

　主な原料は、フェノール樹脂、発泡剤、硬化剤で、フェノール樹脂に発泡剤と硬化剤などを加えて板状などに成形した断熱材です。独立した微細な気泡で構成されているため、長期安定した断熱性があります。形状はボード状のほか、金属板や石膏ボードなどの複合パネルもあります。

　発泡プラスチック系の中ではに防火性に優れ、炎を当てても炭化するだけで煙や有毒ガスの発生がほとんどなく、不燃、準不燃材料の認定を得ています。近年、住宅用の断熱材として商品化され、使用が増えてきています。断熱性能は、熱伝導率が 0.019～0.02 W／mK と断熱性能がかなり高く、一方で透湿係数は低くなっています。

　材料価格は、35㎜厚が 100㎜厚の高性能グラスウール 16 K の約 2 倍となっています。また、環境への影響に関しては、燃えにくい、発煙量が少ない、燃焼時のガスの有毒性も低いなどの特性から、燃焼時・破棄時の環境負荷は石油系断熱材のなかでは比較的低いといえるでしょう。

熱伝導率が 0.019W／m・K で最高クラスの性能をもつ断熱材である。付加断熱が 200㎜・300㎜と厚くなっているが、薄さが必要な場合は重宝する

エコなポリエチレンとポリエステル

❶ポリエチレンフォームはプラ系で最も環境負荷が少ない

　主な原料は、ポリエチレン、発泡剤（アゾジカルボンタミド、揮発性発泡剤など）です。ポリエチレン樹脂に発泡剤を用いて発泡させた断熱材で、独立した非常に細かい気泡から構成されています。形状はボード状です。ほかの石油系の板状断熱材よりは柔軟性に富み、根太や壁、柱、間柱の間に充填しやすいという利点があります。

　熱伝導率が 0.038 ～ 0.042 W ／ m K と断熱性能は高く、価格は 50mm厚で 100mm厚の高性能グラスウール 16 K の約 3 倍弱です。発泡剤に特定フロンを使用していないこともあり、ほかの発泡系断熱材より環境にやさしく、燃えたときの有害性も低いとされています。

❷ポリエステルはペットボトルによるエコ断熱材

　主な原料は、ペットボトルを再生したポリエステル繊維でつくられた繊維系断熱材です。熱可塑性（熱を加えると、その時の形状が固定される性質）があるので、接着剤を使用していません。したがって、ホルムアルデヒドなどの有害物質の揮発は一切ありません。また、万が一、火事などで燃えても炭酸ガスと水に分解され、ダイオキシンなどの有毒ガスを出しません。

　ペットボトルを回収して粉砕溶解し再繊維化した「再生ポリエステル繊維」に、バインダーとして低融点ポリエステル繊維を混入し、両者の融点の中間温度の熱を加え、低融点繊維をとかして繊維どうしを自己融着させて成型しています。石油原料からつくり出す場合の約 1 ／ 5、セルロースファイバーの約 1 ／ 4 のエネルギーで製造しています。熱伝導率は 0.035W ／ m K です。

ホルムアルデヒド：有機化合物の一種で、ホルマリンともいわれる。接着剤、塗料、防腐剤などの成分であり、安価なため建材に広く用いられていたが、建材から空気中に放出されることがあり、その場合は低濃度でも人体に悪影響を及ぼす、いわゆる「シックハウス症候群」の原因物質であるため、現在、建築基準法によりホルムアルデヒドを放散する建材の使用制限が設けられている。

自然系断熱材とは何か?

　自然系断熱材は大きく木質系繊維と植物草茎系繊維とウール(羊毛)に分類されます。木質系繊維には、セルロースファイバー、軽量軟質木質繊維ボード、炭化発泡コルク、セルロースウール、ココヤシ繊維、綿状木質繊維、セルロースファイバーマットなどがあります。植物草茎系繊維には、フラックス繊維、ハンフ繊維、コットン繊維などがあります。一時は多くの種類の自然系断熱材が輸入されていましたが、その多くが高価なことから、現状ではセルロースファイバー、ウール、軽量軟質木質繊維ボードに限られてしまいました。このうち、セルロースファイバーは、天井の**ブローイング**(吹込み)など、その手ごろな価格と施工の簡便性などによって、日本国内でもエコロジーが意識されていない時期から使われることが多く、そうした歴史と実績から、ほかの自然系断熱材に比べてダントツに普及しています。当初エコ建材が意識されるようになってからは炭化発泡コルクが登場しましたが、価格が高く、それほど普及は進みませんでした。現在では、自然系断熱材のなかでは比較的価格が安く、施工も簡便なウール断熱材も普及してきています。ただし、国内生産されているものは、セルロースファイバーと若干量の軽量軟質木質繊維だけで、そのほかの自然系断熱材は輸入に頼らざるを得ない状況となっています。

　また、最近では、紅花や大豆の油をウレタンとともに水発泡させる断熱材が少しながら普及してきています。現場発泡され吹き付けられた様子は現場発泡ウレタンフォームと同様です。自然素材の断熱材の発泡で現場発泡ウレタンファームと同様に断熱と気密が一挙にできる優れものです。価格も現場発泡ウレタンフォームと同じです。

ブローイング：ここでは断熱材の吹き込み工法を指す。グラスウールやロックウール、セルロースファイバーなど繊維質の断熱材で使われている。主に天井断熱や桁上断熱などで行われ、機械を使って吹き込むことで、必要な厚みの断熱層を形成することができる。セルロースファイバーは、天井、屋根、壁を問わず、この工法が使われている。

▶ 紅花や大豆の油を利用した断熱材もある

外壁側から見たウッドファイバー付加断熱100mm厚＋充填断熱100mm厚の壁の断熱

屋根はウッドファイバー屋根垂木充填断熱360mm厚、壁はウッドファイバー付加断熱120mm厚＋充填断熱100mm厚

セルロースファイバーを吹き込む機械に入れ込んでいるところ

厚さ300mmのセルロースファイバーの壁模型

セルロースファイバーを屋根垂木間に吹込み充填しているところ

自然系の定盤、
ウールとセルロースファイバー

　自然系断熱材で最も普及しているのが、ウールとセルロースファイバーになります。どちらも比較的安価で入手しやすく施工も容易です。

❶ウール（羊毛）は安価で日本でも普及

　原料は羊毛、形状はマット状とバラ綿状の2種類です。断熱性能は、熱伝導率が0.040 W／m K で、水蒸気の吸放湿性はよい一方、防火・防虫用にホウ酸塩またはホウ酸が含まれています。ポリエステル繊維が含まれているものもあり、「エコロジーハウス」のエコテストでは準推奨品に挙げられています。1次製造エネルギーは1㎥当たり約30kWh と、かなり少ないものとなっています。価格は高性能グラスウール16 K の約2倍で使いやすくなっています。

　オーストラリアやニュージーランドから輸入されているウール断熱材なら、自然系断熱材のなかでは価格が安いため、最近ではよく使われています。羊毛にポリエステルが15 ～ 50％ほど入っていますが、価格は約2万円／㎥で、約35㎥使用すると、材のみのコストは約70万円、工賃が約24万円で、合計約94万円になります。気密材関連を加えると約114万円です。50㎥使用の高性能住宅なら、工賃・気密材関連はほとんど変わらず、材のみのコストが約30万円アップする程度なので合計144万円になります。

❷定番化した吹込みセルロースファイバー

　原料はパルプ、新聞古紙、接着剤、ホウ酸などで、古新聞などを粉砕し、綿状にしたもので、循環型（リサイクル）エコロジー断熱材です。グラスウール以上に吸音性が高いという特性もあります。

▶ ドイツの定番はセルロースファイバーと木繊維断熱材

中欧の建材展示場ではセルロースファイバーと木繊維断熱材と
それらを使った工法が多く展示されています。
展示場ばかりでなく、工務店や住宅会社の現場を見て回っても定番になっています。

壁に充塡されたウール（羊毛）断熱材

ドイツのエコメッセで展示されていた木繊維断熱材。ドイツ語文化圏のエコ断熱材の主流はセルロースファイバーと木繊維断熱材だ。木繊維断熱材は国産製品もある

桁上断熱として吹き込まれているセルロースファイバー

外張り断熱に使われている炭化発泡コルク断熱材

形状は綿状で、吹込み、吹付けによって施工されます（施工は専門業者が行います）。水蒸気の保湿性が豊かなうえに吸放湿がよいので、防湿シートがなくとも冬季の結露も問題なく、かつ夏季の逆転現象結露にも有利です。結露の心配が少なければ、施工の注意点は気密施工の精度だけです。安全性と環境負荷の点から接着剤の成分が少々気になるところです。

　また、セルロースウールには難燃剤と、防虫効果のためにホウ酸が使われています。日本のセルロースファイバーにホウ酸がどのくらい含まれているか分かりませんが、ドイツのエコテスト社が刊行している「エコハウス」という雑誌では、15〜20％のホウ酸が含まれていると報告されています。「エコハウス」では、「エコテスト」という製品評価を行っていますが（厳しさには定評があります）、その評価では「推奨品」に挙げられています。推奨品に挙げられているのは 28 品目で、そのうちの 9 品目がセルロースファイバーとなっています。軽量軟質木質繊維ボードの 10 品目に次いで、2 番目の多さです。

　一次製造エネルギーは 1㎥当たり約 14kWh で、ウレタンフォームの約1,585kWh、ポリスチレンボードの約 695 kWh とは比べものにならないほど、はるかに少ないものとなっています。自然系断熱材のフラックス繊維50 kWh と比べても、3 割弱と小さいのです。熱伝導率は、0.039 W／mK、高性能グラスウール 16 K の 0.038 W／mK と比べて、わずかに断熱性能が低いですが同じ程度です。

　価格は材工共（材料費＋工事費）なので、ほかの断熱材と比較することが難しいのですが、高性能グラスウールの材料費と施工費を強引に計算してみると、高性能グラスウールの材工共の 2 倍弱になります。今まではグラスウールと比べて高いというイメージがあったのですが、低負荷の断熱材が望まれている現在、自然系断熱材のなかでは極めてローコストといえるでしょう。

▶コストを抑えて自然系断熱材を使う工夫

国産とはいっても、スギの樹皮からつくった自然系断熱材はやや高めです。
そこで、壁は厚さ50mmの外張り断熱に留めて、
天井に安価なセルロースファイバーをたっぷり200mm厚を吹いて、
建物全体の断熱性能を確保しました。
また、壁の内側には粉炭を入れています。

● 合川町営住宅の断面図

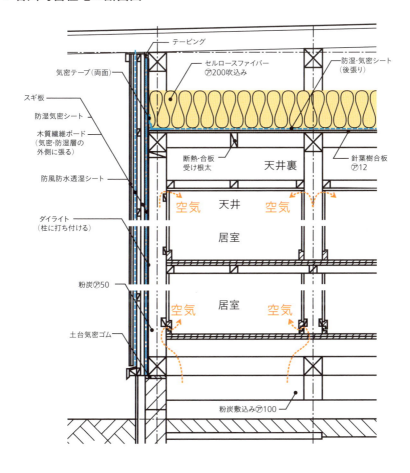

第5章 | 結局、断熱材は何を使えばいいのか　　167

軽量軟質木質繊維ボードは
次世代の本命

　原料は木質繊維で、循環型（成長資源・リサイクル）のエコロジー・バウビオロギー断熱材です。ドイツやスイスではエコハウスを中心にかなり普及しており、日本でもこれからのエコロジカルな断熱材の主流として期待されています。形状はボード状です。

　身近な材料で例えてみると、床下地や畳の心材として使われている軟質繊維ボード（Ａ級インシュレーションファイバーボード）をもっと軽くして断熱効果をもたせたものです。Ａ級インシュレーションファイバーボードのなかでも、最も比重の軽い畳床の軟質繊維ボードで比重は0.25前後なのですが、断熱材になるドイツの軽量軟質木質繊維ボードの比重は0.16前後です。

　一般に、自然系断熱材は生産量が限られているのが欠点ですが、リサイクル材であるこの断熱材はその点で有利といえるでしょう。今後、わが国でも伐採のサイクルが考えられた木材や木材産業からの廃材、リサイクルされた木質繊維を原料として大量に生産される可能性が高いからです。事実、軽量軟質木質繊維ボードは、日本ではこれまで一部で小規模に製造しているだけだったのですが、2009年からは北海道・苫小牧で、カラマツによる軽量軟質木質繊維ボードが大量に生産されています。原材料が自国の木材であれば、エコロジーの点から最良です。

　腐朽によって土に還るため、廃棄処分も容易ですし、成型されたものを粉砕すればリサイクルも容易に可能で、地球にも人体にも負荷が少ない断熱材といえます。

▶スギからつくった国産のエコ断熱材

国産の自然系断熱材も少しずつですが、つくられるようになってきています。
筆者はスギの樹皮を原料とした木繊維断熱材を製造し、公営住宅で採用してみました。
コストはやや高めですが、安価な吹込み用の材料を開発するなどして
普及させたいと思っています。

スギの樹皮からつくった自然系断熱材を使った公営住宅。ここでは外張り断熱とした

公営住宅の外観。雪下ろしが不要な「無落雪屋根」を採用している

外壁の詳細。木質独特の柔らかい表情

第5章 | 結局、断熱材は何を使えばいいのか

軽量軟質木質繊維ボードは
エコロジー評価1位

断軽量軟質木質繊維ボードの熱性能は吹込みセルロースファイバーと同等で、高性能グラスウール16Kと比べると若干少ない程度です。現状普及している軟質木質繊維ボードのタタミボードであっても、熱伝導率が0.045W／mKと、グラスウール16Kとほぼ同等の断熱性能があり、意外に性能がよいのです。

また、セルロースファイバーと同様に、水蒸気の保湿性が高く、吸放湿性能が高いので、防湿シートがなくても壁内結露の問題がないという利点があります。

1次製造エネルギーは1㎥当たり約560kWhで、硬質ウレタンフォームの約1,585kWhと比べて35％。ポリスチレンフォームの約695kWhと比べて80％と少ないのですが、自然系断熱材のフラックス繊維の50kWhと比べると11倍ほどになってしまいます。しかし、北欧や中欧ではボイラーのエネルギー源を石油や電気から木質廃材のバイオマス発電（蒸気製造）に切り替えてきているので非常に小さくなっています。

エコロジー・バウビオロジーの総合評価では、手頃な価格と多量な生産性のポイントか加味されてトップです。実際、前述の「エコハウス」のエコテストでは、10品目が推奨品に挙げられていますが、そのうちの9品目が挙げられているセルロースファイバーを抑えてのトップです。これを見ても、現状のドイツでは、低負荷断熱材として評価されていること、今後の普及が望まれていることが分かります。国産のものには入っていないのもありますが、基本的には防火または防虫用にホウ酸塩またはホウ酸が含まれています。

水蒸気（すいじょうき）：水が気化した蒸気のこと。空気に湿度があるように、基本的には空気には水蒸気が含まれている。木造建築では結露、とりわけ壁内結露は木造構造の腐朽の要因となるため、壁や屋根内の水蒸気の流れを考慮した防湿・透湿設計が重要になる。

第6章 防湿・透湿・気密部材の正しい選び方

透湿防水シートとは何か

　透湿防水シートは、主に外壁の下地防水に用いられるシートです。断熱化された現在の住宅では、**通気工法**として防水性・防風性のほかに透湿性が求められます。透湿防水シートは、1996年2月1日にJIS規格（JISA 6111）が制定され、機能として重要な透湿性、結露防止性、強度、発火性、防水性、防風性能について規格値が定められました。種類は、結露防止を考慮した透湿性の違いによって、Aタイプ（一般地域向け）、Bタイプ（寒冷地向け）の2種類に分かれています。

　かつて外壁の防水の使っていたものは黒色の、厚手の紙にアスファルトを含浸させたアスファルトフェルト20kgです。アスファルトフェルトの透湿抵抗が0.002 ㎡・s・Pa／ngですが、透湿防水シートの透湿抵抗0.00019の約10倍と高く、壁体内で結露のおそれがあります。屋根の防水にはアスファルトルーフィング22kgが使われていますが、こちらの透湿抵抗が0.144で透湿防水シートの750倍。結露の可能性はより高くなっています。

　透湿防水シートは、主にポリエチレン不織布タイプ、透湿フィルム補強タイプの2種類があり、ポリエチレン不織布タイプのほうが高価ですが、耐久性・強度とも透湿フィルム補強タイプより優れています。また、ほとんどの製品は、ポリオレフィンを主原料としてつくられています。そのほか、特徴あるものとしては、ペットボトルのリサイクル品があります。また、従来透湿性が求められなかったルーフィングやモルタル下地の防水シートに、透湿性や通気性を付加した製品も少しずつ増えてきています。このうち透湿性の高いルーフィングを特に「透湿ルーフィング」と呼んでいます。

通気工法〔つうきこうほう〕：ここでは外壁通気工法を指す。通気工法を行うことで、外装材を越えて浸入した雨水を排出するほか、壁内の水蒸気や水分の排出を促すなどの効果があるため、現在の木造建築の定番工法となっている。

▶断熱・気密工事で使われる多機能シート

透湿防水シートの役割が認知され、使用される個所や種類が増えました。
一般的には外壁の通気層の室内側に用いるものでしたが、屋根に関しても透湿性のないアスファルトルーフィングの代わりに透湿ルーフィングが使われるようになっています。
また、新しい試みの外壁であるファサード・ラタン（スノコ板張り）の下地に、紫外線に強く耐候性が高い透湿防水シートが登場しています。

施工直後の透湿防水シート。写真は「タイベック」

ファサードラタン用の透湿防湿シートのウートップサーモファザード。ほかにソリテックス WA がある

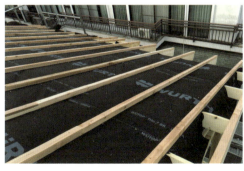

透湿ルーフィングのウートップトリオ。他にソリテックス・メント 3000 やタイベックルーフライナーがある

第6章　防湿・透湿・気密部材の正しい選び方　　173

多機能化が進む防湿シート

　防湿シートは、主に暖房使用時、室内側の高湿な空気が断熱材に侵入するのを防ぐ（内部結露防止）役割を持ち、断熱材の室内側に施工するシートです。防湿シートとして一般的に用いられているのは、JISA6930に適合するものです。ＪＩＳでは、透湿性、強度、耐久性、発火性が規定され、一般地向けのＡ種（82 × 10-3㎡・s・Pa／ng）と寒冷地向けのＢ種（144 × 10-3㎡・s・Pa／ng）の2つの基準があります。高断熱・高気密工法では、気密も兼ねた防湿気密シートとして使われ、室内側を防湿シートがすっぽり覆う状態となります。

　防湿シートは「塩ビ」を含まないポリオレフィン（ポリエチレン、ポリエステル）からなり、VOC、廃棄などの面では安全です。高気密住宅は、「ビニールハウス」と揶揄されることがありますが、実は気密材にビニールは用いていないのです。最近では、気密は合板で確保し、シートには防湿だけの役割を持たせるボード気密工法や、冬期の内部結露を防ぎ、なおかつ、**夏型結露**にも有効である可変防湿シートが使われていますので、今までと役割は違ってきています。

　材料は基本的に透明ですが、メーカーにより、薄い青や緑などの色がついたものや、アルミを蒸着したシルバーのものがあります。厚さ0.2㎜のポリエチレンシートであれば、強度性能とも問題ないといえます（0.1㎜、0.15㎜など薄いものもありますがお勧めしません）。一時、再生品を用いた薄手のポリエチレンシートが出回り、耐久面で不安視されたこともありましたが、現在、高断熱・高気密住宅にはJIS規格Ｂ種に相当する0.2㎜の厚手もので、バージンフィルムのものを使用するのが一般的です。

夏型結露（なつがたけつろ）：エアコンで冷やされた室内に高温多湿な外部の空気が流れ込んで、温度の低くなっている部位に接触することで発生する結露のこと。冬の結露と間逆の減少が起こるため、逆転結露とも呼ばれる。かつては心配されていたが、温度差が冬に比べて小さく、また実際に夏型結露が問題となる事例もほとんどないため、現在ではあまり重視されていない。

▶ アルミを蒸着した多機能シート

防湿気密シートの表面の色はメーカーにより異なっています。
透明なもの、青がかった透明色、緑がかった透明色、赤がかった透明色、白の半透明色、白の不透明色、銀色などが幅広い色のシートが存在します。なかでも銀色のシートは、シートの表面にアルミが蒸着され熱を反射する効果があるとされています。

防湿・気密のためのポリエチレンシートを壁内側に施工した例

「ダンシーツ」を天井断熱の防湿・気密シートに使用した例

ポリエチレンシートを外張り断熱の防湿・気密シートに使用した例

透湿抵抗が変化して
壁内の結露を防ぐ可変防湿シート

　旭・デュポンフラッシュパンプロダクツの「タイベックスマート」は相対湿度が低いときに透湿抵抗が大きくなり（湿度25％以下では透湿抵抗151×10-3㎡・s・Pa／ng）、相対湿度が高い時に透湿抵抗が小さくなる（湿度95％以上では透湿抵抗0・150×10-3㎡・s・Pa／μg）という性質を利用した可変調湿シートです。すなわち、冬は防湿シート、夏は透湿シートの役目を果たします。使用にあたっては、上記の条件より不利な状態を考え、断熱材内外の透湿抵抗のバランスや断熱材の種類に留意する必要があります。

　また、ウルトジャパンの「ウードトップDB2」やモル・建築エコロジープロダクツ社（日本販売元：エコ・トランスファー・ジャパン）の「プロ・クリマINTELLO（インテロ)」は気候条件によって透湿抵抗性が変化する透湿防水気密シートです。同製品は、ポリエチレンコポリマー製の薄膜が周囲の湿気に反応し、膜の分子構造が変わることにより、空気中の湿度が低くなると透湿抵抗が高まり、湿度が高くなると抵抗性が下がるという特性をもっています。湿度が低くなる冬季にはシートが不透湿となり、壁内への湿気の浸入や構造材外側での結露の発生を防止し、多湿となる夏季には透湿性が発揮され、壁内の湿度を壁外に放出します。そのため、構造材の乾燥が促進され、壁内の結露の発生を予防します。

　いずれの商品もこのようにアクティブに湿度調整を行うことで、結露やカビの被害から建築構造や居住者を保護し、快適で健康的な住環境を実現しています。

壁内の水蒸気を効果的に排出してくれる可変防湿シート

相対湿度が低いときに透湿抵抗が大きくなり、相対湿度が高い時に透湿抵抗が小さくなるという性質を利用した「可変防湿シート」というものがあります。ポリエチレンシートでは対応できない夏型結露に対応できるため、注目が集まっています。ただし、この可変特性を妨げないような、透湿抵抗を考えた、壁の内外の下地・仕上材の選択が重要になります。

● 調湿気密シートの冬の効果

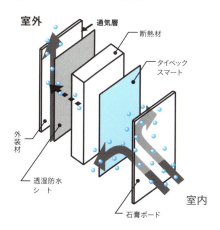
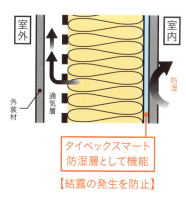

● 調湿気密シートの夏の効果

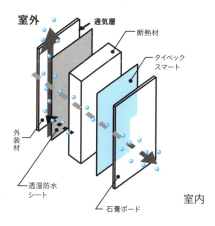
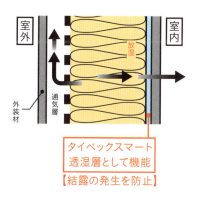

出典：旭・デュポンフラッシュパンプロダクツ

第6章 | 防湿・透湿・気密部材の正しい選び方　　177

透湿防水シートと
防湿シートの選び方

❶ 性能から選ぶ

　強度面、防水性、透湿抵抗、防風性とも性能的にはどれも遜色なく、メーカー、タイプいずれを選んでも大きな問題はありません。透湿フィルム補強タイプのほうは透湿性に優れますが、強度が弱くラミネート部分が劣化した場合には防水性がやや落ちるものと考えられます。また、不織布タイプでは特に強風地域で風切り音が気になりますので、そうしたことが気になる場合はソフトタイプを使用しましょう。

❷ 耐久性から選ぶ

　長期的にみた場合、不織布タイプのほうが安心です。ただ、それ以上に防水面で重要なのは、施工方法です。どちらを使用したとしても、継目を少なくし、重ね代を確保することが何より大切です。そういう面で、幅広（2.4〜3.0 m）のものを横張りすることを勧めます。

❸ 施工性から選ぶ

　不織布タイプは、カッターでの切断性がよく、破れにくいです。同じ不織布タイプでも、ハードとソフトの2タイプがあり、ハードタイプでは風切り音が気になる場合があることから、ソフトタイプを採用する施工者が増えています。幅については、1 m幅のものを採用する施工者が多いですが、前述の通りできるだけ幅広のものを選定しましょう。

❺ 価格から選ぶ

　透湿フィルム補強タイプがコスト的に有利です。また、ある程度まとまった量で注文すれば設計・施工会社名を印刷してくれるメーカーもあります。

▶温暖地の夏型結露を防ぐ「可変防湿」気密シート

温暖地では、壁内の水蒸気が冷房などで冷やされて結露する夏型の逆転結露の心配がありますが、夏型の逆転結露は数日にわたって継続するわけではないので、壁内の木材が腐朽する可能性はかなり低く、特別な対策は必要ありません。ただし、万が一に備え、壁内の水蒸気を室内側に放出できるように湿度に応じて透湿抵抗が変化する可変防湿・気密シートが使われることもあります。

筆者設計の西落合の家において夏型結露（逆転結露）防止のために可変防湿・気密シートの「インテロ」を使用した例

可変防湿気密シートのウートップDB2

透湿防水シートは各社からさまざまな製品が発売されている

第6章 ｜ 防湿・透湿・気密部材の正しい選び方

気密防水テープと気密パッキンを使いこなす

　気密防水テープは、住宅各部の防水・気密用に用いられる粘着テープで、主にシートの継目やサッシとシートの取り合い、コンセントやパイプ周りのシート固定に用いられます。気密・防水はできるだけテープに頼らない施工としていますが、それでも住宅1軒（45坪前後）で5万円程度のテープを使用します（ちなみにボード系断熱材で気密をとるタイプの工法では10万円を超えてしまいます）。

　基本的にはシートの継目は重ね代を確保し（透湿防水シートは横張りで15cmの重ね代、防湿シートは下地材のある部分で10cm以上重ね継ぎ）、テープなしの施工とすることで、変形や収縮に追従させるようにします。透湿防水シートの継目は、施工面から縦張りが多く見られましたが、**雨仕舞**からもメーカーや性能保証の仕様書にならい、横張りしたほうがよいです。なお、シートの継ぎ目に下地がない場合、コンセントボックス周り、透湿防水シートや防湿気密シートを設備などの配管配線が貫通する部分などは専用のテープを使うなどの工夫が必要です。

　厚みのある気密パッキンは、基礎のコンクリートと土台の間などの異なる素材同士の隙間や窓の周囲の複雑な形状と壁の下地の隙間、ボード気密などに使います。気密パッキンはウルトジャパン「VKPトリオ」がオススメです。特に木製サッシや樹脂サッシなどのツバがない窓は、窓と躯体の間は変形の逃げのために10mmほどあり、この隙間が断熱欠損になりがちですが、VKPトリオは幅があり、施工後に膨張して隙間を埋めてくれます。また、断熱効果もあるため、熱橋を防ぎます。なお、常温で発泡するので、施工直前までクーラーボックスなどに保管する必要があります。

雨仕舞（あまじまい）：建築物内部に雨水が浸入させないような仕組みのこと。雨水は降雨量や風向きにより、建築物のさまざまな個所に流れ込むため、適切な防水材料の選択や、雨を防ぐもしくは入った雨水を排出する納まり（ディテール）が重要になってくる。

▶ シートを貫通する個所にはとにかく気密防水テープを

換気や給排水の配管や電気の配線などが外壁などを貫通する個所は、気密防水テープなどで隙間を埋めることが重要です。
梁や垂木などが外壁を貫通する場合も同様です。
気密が不十分だと断熱性の低下だけでなく、結露や漏水の原因にもなります。

防湿気密シートは各社からさまざまな製品が発売されている

スイッチの気密ボックスと防湿気密シートを気密防水テープで接着する

基礎パッキンを施工したところ。土台と基礎天端の隙間に設置され、床下の気密を図る

防湿気密シートの重ね張りや貫通配管の部分を気密防水テープ補修する

透湿防水シートの貫通部分などを気密・防水テープで補修する

第6章 | 防湿・透湿・気密部材の正しい選び方　　181

気密防水テープには
ブチルゴム系とアクリル系がある

　気密防水テープはブチルゴム系とアクリル系が中心で、ほかに特殊ゴム化アスファルト系などがありますが、ここではブチルゴム系とアクリル系を紹介します。ブチルゴム系は、粘着層が厚く、柔軟性がありますが、低温時に硬化するタイプのものがあるので、寒冷地での冬場の使用では選択に注意が必要です（ただし、多くは改良され、寒冷地の使用でも問題なくなっています）。ブチルゴム系は、無溶剤のため、厚い粘着層をつくることが可能です。また、高い接着力保持率もあり、実績も十分です。廃タイヤチューブをリサイクルした製品もあります。

　これに対し、アクリル系は、粘着層は薄いですが、接着力が強く温度による変化が少ないです。ブチル系より高価ですが、不陸の出やすい厚手のブチル系に対し、見た目の仕上がりがきれいです。また、テープの種類によっては手で簡単にちぎれるもの、伸び縮みするものなどもあり、施工個所や施工性など十分に考慮して適切な製品を選ぶとよいでしょう。**可塑剤**不使用の製品もあります。

　気密テープは何よりも接着力が重要で、その点でドイツ製のウルトジャパンの「ユラソール」やエコトランスファージャパンの「テスコンNo1」がオススメです。ユラソールのテープ素材はポリエチレン（メッシュタイプ）接着剤は変成アクリレート、テスコンNo1のテープの素材は鑽孔ポリエチレンフォイルで、いずれもコンクリートに接着可能なほど、強い接着力があります。また、いずれも耐久性のテストが行われており、接着力が100年持続するといわれています。

可塑剤（かそざい）：シーリングなどに使われている材料で、ポリ塩化ビニル樹脂などの材料に柔軟性を与えたり、加工をしやすくするために添加される。

▶ 気密防水テープは、実績のあるブチル系がオススメ

気密防水テープは、一般的には実績のあるブチルゴム系のテープがよいようです。特に現在出回っている製品の多くが、接着性能などの点で改良がなされています。パッキンの場合は、使用する部位に応じて最適の製品を選ぶとよいでしょう。

● 気密防水テープの選び方

価格から選ぶ	ブチルテープが価格的に有利
接着性能から選ぶ	ブチルゴム系の課題であった低温時の接着性に関しては、新型ブチルとして改良したものが普及している
施工性から選ぶ	見た目の仕上りがきれいなアクリル系テープの需要が伸びているが、安全性の面では、厚みのあるブチルゴム系のものを勧める
環境対応面から選ぶ	廃タイヤをリサイクルしたブチルゴム系テープあり「ストップテープ」(神栄興業)。アクリル系では「エースクロス」(光洋化学)などの可塑剤不使用のもの
耐久性から選ぶ	接着力保持率の高さと長い実績のあるブチルゴム系を勧めたい

● 気密防水テープの選び方

窓廻りパッキン	サッシ取付け時にもずれないタイプのもの
土台パッキン	コンクリートの水分を土台に伝えないよう、防湿シートと一体のもの
合板気密用パッキン	パッキンを重ね張りしても不陸とならない圧縮率の高いもの

断熱・気密部材や建材は国際的な競争が激しく、毎年のように優れた製品が発売されています。優れた製品によって、工事や作業もより簡単になり、施工精度も上がってきています。

第6章 防湿・透湿・気密部材の正しい選び方

土台パッキンと窓廻りパッキンの選び方

❶ 土台パッキン

　基礎と土台の気密化や、基礎から土台への水分の移動を遮断するためのパッキンです。スポンジ状（EPDM）とチューブ状があり、スポンジ状のものは施工しやすいですが、圧縮率が高いため、基礎天端に高い施工精度が求められます。逆にチューブ状のものは、施工精度はさほど求められませんが、端部・ジョイント部分に多少手間がかかります。コンクリートの水分を土台に伝えないように、防湿シートと一体となった製品がお勧めです。

❷ 窓回りパッキン

　サッシと木枠の隙間を埋め、気密化と断熱化を図れるパッキンです。スポンジ状の製品で、サッシ取り付け前に木枠四周に張り付け、サッシ取り付けによってパッキンが圧縮されることで隙間を埋めます。

　今まではサッシは防水気密テープのみで防水・気密をしていましたが、サッシなどの外壁部材は太陽の熱を直接受けるため、それによる温度変化によってテープがはく離を起こしやすいという問題点がありました。パッキンを用いることで、部材の変形に追従するうえに、テープが剥離しても防水性能を確保できます。窓廻りパッキンはサッシ取り付け時にもずれないタイプ（「マドエース」など）をお勧めします。

❸ その他のパッキン

　ボード気密時に、合板と柱・梁材の隙間を埋める合板気密用パッキンや、配管、点検口廻り用の気密・防水を確保するための専用パッキンなどがあります。合板気密用パッキンは、パッキンを重ね張りしても不陸とならない圧縮率の高い製品がお勧めです。

第 **7** 章

窓を工夫して
断熱・省エネを図る

窓に求められる性能

　住宅から熱が逃げる経路のうち、窓のガラス面と窓の隙間から逃げる熱は、高性能な高断熱・高気密住宅では、全体の１／３にも上ります。窓の気密が悪いと、室内の暖かい空気が外に逃げ、冷たい外気が入り込んでしまうため、足下が寒くなり、上下の温度差も大きくなってしまいます。また、窓が曇り、不快感を覚えることにもなりかねません。従来の工法では断熱材が薄く隙間だらけなので、壁、天井、床や隙間から逃げる熱のほうが多く、窓から逃げる熱の割合は相対的に少なくなっていました。すなわち、住宅の性能が上がれば上がるほど、窓の性能がより重要になってくるわけです。

　窓の役割としては、採光、眺望、開放感、換気、通風、日射熱の取得と遮蔽、内と外の遮断（熱・音・空気など）、出入口などが挙げられます。これらのなかで温熱環境と防火に関係するものは、以下の５点です。

❶断熱性能：窓の断熱性能を高め、暖冷房の効率を高める冷輻射を少なくする表面結露を防ぐために、建具やガラスの仕様をがある

❷日射取得：冬季に日射を入れることで暖房負荷を少なくする

❸日射遮蔽：夏季の日射を遮蔽するため、窓の方位により庇や外付けブラインドなどを設ける基準がある

❹気密性能：隙間風による熱の移動を抑えるため、窓の気密性の基準がある

❺防火性能：準防火・防火地域の延焼のおそれのある部分の開口は防火とする

　こうした性能を満たすため、サッシやガラスなどの窓材にどういったものを使うかを検討する必要が出てきますが、窓材は性能と価格が比例しているので、断熱材に比べると明確に選択しやすいようです。

外気（がいき）：戸外の空気のこと。外気温とした場合は、戸外の気温を指す。

木製サッシが優れているが、コストもその分高い

断熱サッシ、断熱ガラスとひと口にいっても性能はさまざまです。
サッシ1つとってもいろいろな種類があります。
木製断熱サッシは性能の点からも美観上も優れていますが、
メンテナンスを考えた使い方が必要になります。また、コストが高いものネックです。

● 断熱サッシの特徴と評価

		断熱アルミ サッシ	アルミ樹脂 サッシ	樹脂サッシ	木製サッシ	アルミクラッド 木製サッシ
熱貫流率	ペアガラス (kcal/㎡h℃)	BL3型 3.5以下	BL1型 2.1～2.5	BL1型 2.1～2.5	BL1型 2.1～2.5	BL1型 2.1～2.5
	Low-E (kcal/㎡h℃)	BL3型 3.0以下	BLS型 2.0以下	BLS型 2.0以下実績 約1.5	BLS型 2.0以下実績 約1.5	BLS型 2.0以下
	真空ガラス (kcal/㎡h℃)	BLS型 2.0以下	―	―	―	―
気密性	開き(K/h㎡)	約1.0	約0.2	約0.2	約0.05	約0.05
	引違い (K/h㎡)	約4.0	約3.0	約3.0	約0.5 (北欧製は大)	約0.5 (北欧製は大)
施工性・取付け		良	良	良	多少面倒	多少面倒
耐久性		大	大	大	中 (5年後に 塗装)	大 (外部を アルミ被膜)
防露性		中	中	中～大	大	大
意匠性		―	―	―	木の素材感	内部は木の 素材感
見付けの大小		細	大	大	大	大
操作性		普通	普通	普通	輸入品は開閉 方法が多様	輸入品は開閉 方法が多様
網戸		問題なし	ロール式網戸 に注意	ロール式網戸 に注意	北欧製は取付 けに注意	北欧製は取付 けに注意
コスト		比較的安価	普通	普通	高価	高価
二重サッシとのコスト比較		約2倍弱	約2.5倍	約2.5倍	約5倍	約5倍
備考		雨戸が取り付 く枠、障子に 断熱材	―	―	―	―

第7章 | 窓を工夫して断熱・省エネを図る

世界の窓の性能基準と
ガラス・サッシの使用状況

　中欧や北欧の家では、Uw 値が 1.0W ／㎡ K 前後の窓が一般的で、パッシブハウスレベルの家では Uw 値が 0.8W ／㎡ K 前後の窓が使われています。また、燃費を極限まで抑えた住宅や大きな窓をもつ住宅のために、Uw 値が 0.6 ／㎡ K の窓がフィンランドでつくられています。

　窓の断熱性能は枠材の熱貫流率（Uf 値）とガラスの熱貫流率（Ug 値）によって決まります。ガラスはガラスの枚数を増やすことで性能を上げることができるため、4 枚ガラスや 5 枚ガラスなどを使うことで、Ug 値が 0.4W ／㎡ K 前後の性能が確保できるようになっています。一方、枠はガラスのように容易に性能を上げることができないため、高性能窓では枠が断熱の弱点になっています。

　従来の木製サッシの木枠部分の熱貫流率（Uf 値）は 1.2W ／㎡ K 前後であり、北中欧でつくられている超高断熱住宅では物足りなくなっています。そこで、木枠の見込みを通常の 90㎜から 145㎜に増やしたり、厚みをそのままに木枠の内部に断熱材を挟み込んだりするなどして、Uf 値を 0.75W ／㎡ K 前後に上げた製品がつくられています。

　樹脂サッシの樹脂枠も既存のものでは Uf 値が 0.9W ／㎡ K 前後が限界であり、木枠同様にチャンバー内に断熱材を充填するなどして、0.75W ／㎡ K 前後のものがつくられています。

　なお、同様の高性能窓は中国や韓国でもつくられており、北欧や中欧並みのハイスペックな製品が販売されています。日本も高性能な樹脂サッシが次々と発売されていますが、樹脂枠の熱貫流率がまだまだ低く、世界標準からはかなり遅れをとっています。

各国の窓の種類と性能

● 各国の窓の性能

国産アルミ樹脂複合窓は熱貫流率の Uw 値 =2.33W／㎡K 以下の性能、国産樹脂（PVC）窓の Uw 値 =1.5W/㎡K 以下の性能ですが、EU では Uw 値 =1.0W／㎡K 前後の性能になっています。最近の EU では Uw 値 =0.7W／㎡K 前後、国産でも Uw 値 =0.9W／㎡K 前後の窓が発売されています。

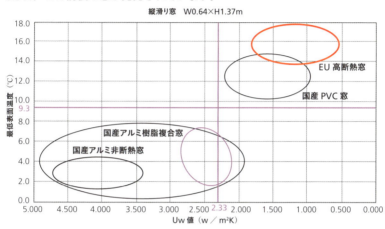

資料提供：Technoform Bautec Japan

● 各国の窓の種類

木製サッシが多いのは北欧、樹脂サッシが多いのは中欧と韓国とアメリカです。日本はアルミとアルミ樹脂の複合が多いです。

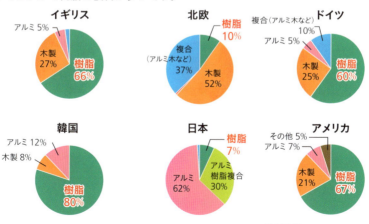

資料提供：エクセルシャノン

第7章 ｜ 窓を工夫して断熱・省エネを図る

断熱性能・地域によって窓の仕様は大きく変わる

　ここでは具体的に、必要とされる断熱性能を満たすための窓の仕様について解説します。なお、断熱材と同じ理由から、品確法を例に、等級4の基準に絞って解説します。

❶ 1・2・3地域（U$_A$値＝2・33 W／㎡k）

　北海道の多くが該当するこの地域では、新築住宅で、すでに Low-E ガラス（低放射複層ガラス）や不活性化ガス入り Low-E ガラス、三層・ペアガラス、樹脂サッシが使用されているので、問題はありません。ただし、さらなる省エネルギーや二酸化炭素削減のことを考えて、冬に日射が多い地域では南面に高透過ガラスを使用すると暖房負荷が小さくなります。

❷ 4地域（U$_A$値＝3・49 W／㎡k）

　主に青森、岩手、秋田などが該当するこの地域も、新築住宅ですでに Low-E 三層・ペアガラスと樹脂サッシ、複合材料（樹脂＋アルミ）製サッシなどが使用されています。ただし、この地域の太平洋側では東西南の窓の日射遮蔽を考えるとともに、南面を中心に高透過ガラスを使用すると暖房負荷が小さくなります。

❸ 5・6・7地域（U値＝4・65 W／㎡k）

　南東北以南の地域でも、冷房負荷を考えた場合は Low-E ペアガラス＋樹脂サッシ以上は必要となります。冬に日射が多い地域では南面に高透過ガラスを使用すると暖房負荷が小さくなります。

❹ 8地域（なし）

　ごく普通の単板ガラスとアルミサッシで問題はありません。ただし、日射遮蔽を考え、外付けブラインドや外付けシェードなどを使いましょう。

▶ 窓の性能にもちゃんと基準がある

断熱性能を決めるのは、断熱材が入る床・壁・天井だけではありません。
窓の性能も大変重要なのです。この開口部の性能も
平成28年省エネルギー基準や品確法の性能表示などでしっかりと定められています。

● 建具とガラスの組合せによる断熱性能の基準（等級4）

地域	形態区分	建具の仕様	使用することができるガラスの熱貫流率または仕様	
			ガラス中央部の熱貫流率［W/(㎡·K)］	代表的な仕様例
1·2·3	窓または引戸	三重（材質は問わない）	1.91 以下	単板＋単板＋単板
		二重（材質は問わない）	1.51 以下	単板＋低放射複層（中空層12mm）
		二重（建具の一方が木製か樹脂製）	1.91 以下	単板＋複層（中空層12mm）
	窓、引戸または框ドア	一重（木製または樹脂製）	2.08 以下	低放射複層（中空層12mm）3層複層（中空層12mm）
		一重（木または樹脂と金属との複合材料製）		
	ドア	木製（扉が断熱積層構造）		
		金属製熱遮断構造、もしくは木または樹脂と金属との複合材料製枠と断熱フラッシュ構造扉で構成されるもの		
4	窓または引戸	二重（建具の一方が木製か樹脂製）	2.91 以下	単板＋単板
		二重（枠が金属製熱遮断構造）		
		二重（材質は問わない）	2.30 以下	単板＋複層（中空層6mm）
	窓、引戸または框ドア	一重（木製または樹脂製）	3.36 以下	複層（中空層6mm）
		一重（木または樹脂と金属との複合材料製）	3.01 以下	複層（中空層12mm）単板2枚使用（中空層12mm）低放射複層（中空層6mm）
		一重（金属製熱遮断構造）		
	ドア	木製（扉が断熱積層構造）		
		金属製熱遮断構造、もしくは木または樹脂と金属との複合材料製枠と断熱フラッシュ構造扉で構成されるもの		
5·6·7	窓または引戸	二重（材質は問わない）	4.00 以下	単板＋単板
	窓、引戸または框ドア	一重（材質は問わない）		複層（中空層6mm）単板2枚使用（中空層12mm）
	ドア	扉がフラッシュ構造		
		扉が木製		
		扉が金属製熱遮断構造パネル		
8	窓、引戸または框ドア	一重（材質は問わない）	問わない	単板

第7章 ｜ 窓を工夫して断熱・省エネを図る

191

ガラスの断熱性能は
中空層幅と枚数で決まる

　ガラスは窓の面積の大半を占めるため、サッシ枠以上に断熱や日射取得・遮へいに果たす役割は大きいです。特に最近のガラスは Ug 値が 0.5 ～ 0.8W ／㎡ K とサッシ枠よりも高性能のものが登場してきており、性能面における役割はさらに高まっています。

　ガラスとその枚数に応じて、シングルガラス、ペアガラス、トリプルガラス、クワトロガラス、さらに 5 枚ガラスがあり、枚数が増えるほど断熱性能は高くなります。

　また、複数のガラスの間（中空層）には乾燥空気、アルゴンガス、クリプトンガスが充填され、この順番に断熱性能が高くなります。アルゴンガスで乾燥空気に比べて断熱性能がおおよそ 20 ～ 30% アップします。また、中間層の希ガスなどはガラスにコーディングされた特殊金属膜（Low-E）の劣化を防ぐ効果もあります。

　中空層の厚みも断熱性能に大きく影響します。中空層の厚みは 16mm 程度が断熱性能が最も高いです。それ以上の厚みになると中空層で対流が起こり、断熱性能が低下してしまいます。

　2 枚のガラスの隙間を真空状態にした真空ガラスもあります。この真空ガラスを複数枚組み合わせたガラスも存在します。

　寒冷地なら、室内の湿度が高くなったり、障子やカーテンなどを閉めたりするとペアガラスでは結露が起きてしまいます。トリプルガラスや Low-E ペアガラスなら、ガラスの表面温度が 4℃ほど高くなるため、結露の恐れは極めて少なくなります。

▶ ガラスは Low-E、封入ガス、中空層で大きく変わる

ガラスの断熱性能（熱貫流率）は中空層の幅と枚数によります。中空層の幅は主に6mm、12mm、16mmがありますが、16mmまではガラスの断熱性能がよくなりますが、それ以上になると中空層内で対流が起こり、断熱性能が悪くなります。

● 中空層幅と熱貫流率・U値

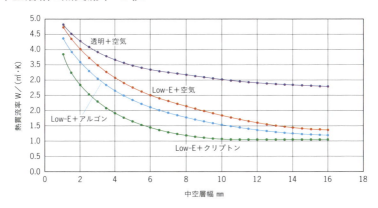

ガラスの断熱性能は中空層の幅は16mmが最適ですが、ガラスの種類と充填される気体の種類により断熱性能が違います。一番上の線は透明ガラスと空気の組み合わせ、その下の2番目の線はLow-Eガラスと空気の組み合わせ、3番目の線はLow-Eガラスとアルゴンガスの組み合わせ、4番目の一番下の線はLow-Eガラスとクリプトンガスの組み合わせです。

断熱性能は透明ガラスと空気の組み合わせの2.5倍ほどの違いがありますが、クリプトンガスは高価なので特殊な建築に使われますが普及率は低いです。普及率が高いのは、透明ガラスと空気の組み合わせの2.2倍ほどの断熱性能のあるLow-Eガラスとアルゴンガスの組み合わせです。

ガラスの性能はよくなっていますが、日本では特に窓枠などの性能が追いついていません。トリプルガラスの窓が市販されている現状であれば、Uf値が0.8W／㎡・K程度の窓枠が用意されて欲しいです。

Low-E ガラスには夏型・冬型がある

　Low-E ガラスは、表面に金属をコーティングし（見た目は透明で光を通します）、熱を逃さないようにしたものです。二重ガラスや三重ガラスの1枚をLow-E ガラスにすると、それぞれ3層ガラス、4層ガラスと同じ断熱効果が得られます。

　Low-E ガラスは、ガラスにコーティングされた位置により特性が大きく異なり、日射遮蔽効果が大きくなる遮熱ガラスと、断熱性能が向上する断熱ガラスがあります。これらは建物の立地や気候、窓の方角などに合わせて選択する必要があります。

　ひところ、窓メーカーのカタログの説明に、寒冷地では東西の窓に遮熱ガラスを使い、南北の窓には断熱ガラスを使うこと、温暖地では南と東西の窓に遮熱ガラスを使い北の窓には断熱ガラスを使うことが推奨されていましたが、温暖地の南の窓の使い分けについては改められつつあるので注意してください。

　現在、省エネの観点に立てば、冬期の日射取得を重視し、南の窓には温暖地であっても断熱ガラスを使うようになっています。そのうえで、日射遮蔽は遮熱ガラスに比べてより遮蔽効果が高く、季節に応じて日射量を調整できる、庇やすだれ、外付けシェード、外付けブラインドなどで行うのが望ましいです。

　窓の断熱性能向上によって、冬期であっても窓からの熱損失より日射取得による暖房効果のほうが大きくなり、それを重視すべきという考え方になってきています。最新のエコハウスの窓が大きくなってきているのは、この考え方に基づいたものだといってよいです。

▶ Low-Eガラスの位置によって性能が大きく変わる

Low-Eガラスは、一般的にペアガラスとして製品化されていますが、Low-Eガラスのコーティング面の位置で性能が大きく変わります。西側外壁面の窓など、西日によって庇や軒などで日射が遮れない場合などは、コーティング面を外側のガラスの室内側に施工した日射遮蔽ガラスを使うことで、日射熱の室内への侵入を抑えることができます。

● 断熱型Low-Eと遮熱型Low-E

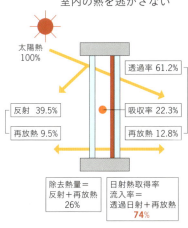
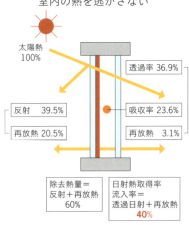

● Low-Eペアガラスの光学的・熱的性能

Low-E アルゴンガス 入り16mm	光学的性能						熱的性能			
^	可視光(%)		日射(%)			紫外線 透過率 (%)	遮熱係 数 (SC)	日射熱 取得率 (η)	熱貫流 率 (U)
^	反射率	透過率	反射率	透過率	吸収率	^	^	^	^
NSG断熱型	17.3	75.5	16.5	61.2	22.3	44.8	0.84	0.74	1.5
AGC断熱型	13.1	78.7	31.1	52.8	16	32	0.69	0.6	1.17
AGC遮熱型	15.5	70.5	39.5	36.9	23.6	18.5	0.45	0.4	1.15

第7章 ｜ 窓を工夫して断熱・省エネを図る

日射取得と
断熱性能の関係性

　右上図は寒冷地の札幌と温暖地の東京それぞれの断熱性能別・窓の大小別の住宅の供給熱（暖房エネルギー、日射取得熱、室内発生熱）と、熱損失（天井、壁、開口部などの部位別）の割合を示したグラフです。具体的には、次世代省エネ基準、Q1.0 住宅、Q1.0 住宅＋窓面積を拡大した住宅の比較です。

　供給熱の日射取得の割合は、温暖地（東京）のほうが寒冷地（札幌）よりも大きいです。したがって、東京で Q1.0 住宅の窓面積を拡大すると暖房エネルギーが 1 ／ 4 になります。ちなみに次世代省エネ基準の住宅と比べると暖房エネルギーは 1 ／ 18 にもなります。

　この日射取得の効果を最大限生かすために、日射熱取得率が高い窓を使うという選択も増えてきています。

　窓の熱貫流率が Uw ＝ 1.00 で、日射熱取得率の η 値が 30％と 60％と異なる窓のそれぞれの熱の出入りを表した各地域別のグラフ（右下図）を見てください。全体的に日射熱取得率の η 値が 60％のほうが熱の出入りの収支がよいことが分かります。温暖地や冬期の日照時間の長い太平洋側（帯広など）にその傾向が強く出ています。

　ただし、断熱性能も同時に考える必要があります。熱収支をよくするには窓（ガラス）の大きさと断熱性能と日射熱取得率のバランスがよいことが重要です。199 頁の図は熱貫流率と日射熱取得率 η 値がそれぞれ違う窓（ガラス）の組み合わせの熱ロスと、日射取得から熱収支が分かるグラフです。Uw 値がよくなればよくなるほど熱ロスは少なくなりますが、η 値が下がり日射取得が少なくなります。このなかでは Uw ＝ 1.60 と η 値 50％の組み合わせがバランスよく、熱収支がよいです。

▶窓の熱の出入りを理解する

● 断熱性能別・窓の大小別の住宅の供給熱と熱損失熱の割合

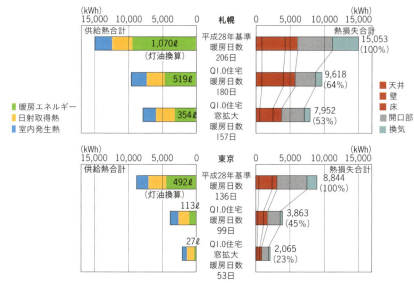

注：冬期全体での暖房費の熱損失と熱供給の内訳グラフである。
性能を上げると暖房日数が大きく減少することに注意

● 日射取得率の違う窓の地域別熱の出入り

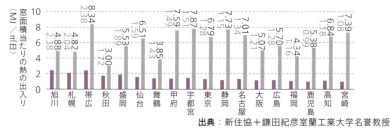

出典：新住協＋鎌田紀彦室蘭工業大学名誉教授

第7章 ｜ 窓を工夫して断熱・省エネを図る

日射取得が大切とはいえ、ガラスの断熱性能が高くなくては効果が薄いのです。

　住宅の性能が高くなっていますが、室内の温熱環境をもっとよくするにはガラスの室内側の表面温度が大きく影響します。住宅の断熱性能が HEAT20 G2 を超える Q1.0 住宅レベル 2 では、上記の窓の性能 Uw = 1.60 と η 値が 50％のガラスでは物足りません。熱貫流率 Ug = 1.60 の Low-E ペアガラスでは外気温が 0℃（5 地域を想定）で室内が 20℃の場合、ガラスの室内側の表面温度が 16.8℃となり冷輻射を感じるとともに、窓際にコールドドラフトが生じ不快な温熱環境となってしまいます。外気温が－5.0℃（4 地域を想定）ではガラスの室内側の表面温度が 15.8℃まで下がり、温熱環境はさらに悪化します。

　したがって、住宅の性能に見合うように、ガラスの性能を上げて室内の温熱環境を改善することが重要です。熱貫流率 Ug = 0.70 の Low-E トリプルガラスでは外気温が 0℃でガラスの室内側の表面温度が 18.5℃です。外気温が－5.0℃ではガラスの室内側の表面温度が 18.0℃です。これなら、室内の 20℃と温度差もほとんどなく、冷輻射も感じず、コールドドラフトも発生しない心地よい温熱環境となります。ただし、Ug 値がよくなればなるほど日射取得率 η 値が低くなります。心地良い室内環境を維持しながら暖房費を抑えるには、各地域にあった Ug 値と η 値のバランスをシミュレーション計算しながら求めましょう。

冷暖房消費エネルギーを小さくするには、各地域の気候や周辺環境に合わせて東西南北の窓の大きさや配置のほか、各窓の日射取得率と熱貫流率の検討、日射遮蔽設備の設置の有無などを十分に吟味することが重要です。

▶熱貫流率と日射熱取得率のバランスを考える

熱収支は熱貫流率(熱損失)が少なく日射取得が高いほうがよくなっています。
しかし、ガラスの性格上から熱貫流率が少なくなるほど日射取得率が低くなります。
また、寒さや日射量は地域によって違い、地域別に適切なバランスが必要です。

● 熱貫流率と日射熱取得率が違う窓の熱ロスと日射取得から熱収支

❶省エネ建材等級2の窓（Uw=4.65・η=80%）

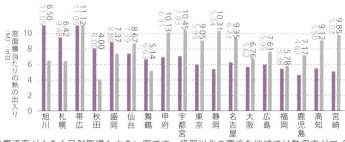

熱貫流率が大きく日射取得も大きい窓です。盛岡以北の寒冷な地域では熱収支がマイナスになっています。

❷省エネ建材等級4の窓（Uw=2.33・η=60%）

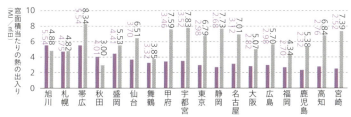

熱貫流率が少ないですが日射取得が少ない窓です。寒冷地の旭川まで熱収支がプラスになっています。

❸省エネ建材等級4の窓（Uw=1.60・η=50%）

日射量が少ない秋田では日射取得が熱損失より若干、マイナスになっていますが、他地域では日射取得が熱損失より多くなっています

出典：新住協＋鎌田紀彦室蘭工業大学名誉教授

特殊な高性能ガラス

　高断熱・高気密住宅が普及し、断熱性能の弱点と言われた窓で特に面積の大半を占めるガラスの性能も向上してきました。かつては先行して性能の高い海外製のガラスを組み込んだ窓を輸入してきましたが、国産のガラスの性能も向上し、ガラスに関しては国内外の差は少なくなっています。

❶高性能な不活性ガス混入ガラス

　断熱性能を上げるため、空気の代わりに特殊なガスを封入したガラスもあります。空気より熱伝導率が小さいガスを封入することで、ペアガラスの熱貫流率を小さくしているのです。最近の高性能サッシでは、アルゴンやクリプトンなど、空気よりも重い不活性ガスに置き換えたものが当たり前になっています。

❷薄さが魅力の真空ガラス

　主に真空ガラス「スペーシア」（日本板硝子）を指します。これは2枚のガラスの間が100万分の1気圧という真空状態になっているもので、3mm厚のガラス＋0.2mmの真空層＋3mm厚のガラス＝6.2mm厚という薄さにもかかわらず、断熱性能、遮音性能、防露性能に優れています。また、日本板硝子では、この真空ガラスを入れた断熱アルミサッシも販売しています。これは、ガラスをはめる枠の厚さが約半分、重量も低減、サッシ全体がスリムにできているという優れものです。

❸クアトロガラス

　国産で最も高性能なガラスが4重ガラス、つまりクアトロガラスになります。かつては5重ガラスもありましたが、高価で重量もあるため普及しませんでした。今後復活するかもしれません。

はめ殺し窓（はめごろしまど）：開閉しない窓のこと。フィックス（FIX）窓、ピクチャーウィンドウともいう。形状がシンプルで安価だが、開閉ができないため、換気・通風を考えるうえで、十分注意してはめ殺し窓を配置する必要がある。

▶ガラスの多層化で4枚・5枚ガラスが登場

ガラスの断熱性能は不活性ガスの充填や、4枚ガラスや5枚ガラスの登場で枠材が追いつけないほど向上しています。

5枚ガラス樹脂サッシのレガリス（LIXIL）。中央のガラスを除く4枚にLow-Eガラスを採用し、アルゴンガスを充填しており、熱貫流率（Uw値＝0.55W／㎡K）が極めて高い

LIXILの4枚ガラス樹脂サッシ。性能と価格のバランスがよい

エーデルフェンスター（オスモ＆エーデル）。ペアガラス＋1枚ガラスでその間にブラインドが設置される

ユニルクス（チャネルオリジナル）。トリプルガラスでUg値 0.5W／㎡K

第7章 ｜ 窓を工夫して断熱・省エネを図る　　201

サッシ枠の断熱性能を知る

　サッシの断熱性能は、サッシ（枠材と障子）やガラスなどサッシを構成する部材の断熱性能が合算された熱貫流率（Uw）により表されます。また、サッシの面積の大半を占めるガラスの熱貫流率は Ug、枠は Uf で表され、さらに枠とガラスの境界周長の線熱貫流率はΨg で表されます。

　サッシの断熱性能は製品の熱貫流率（Uw）を確認して選択することになります。ただし、日本のエコハウスは発展途上の段階であり、特に国産の製品には、性能・コスト面でバランスの取れた製品が少ないです（特に日本独自の防火規定により、防火サッシにおいてその傾向が顕著になります）。設計者、施工者が国内外のメーカーに対して、製品開発について積極的に提言していくことが求められます。

　では、具体的にどのくらいの断熱性能のサッシを選択するべきでしょうか。ここでは少なくとも HEAT20 の G2（平成 28 年省エネルギー基準 5・6 地域で U_A 値 = 0.34 と 0.46W ／ m^2 K、Q 値 = 1.6W ／ m^2 K・西方設計の標準下限値）、新住協の Q1.0 住宅レベル 1（U_A 値 = 0.34W ／ m^2 K、Q 値 = 1.3W ／ m^2 K・西方設計標準値）、Q1.0 住宅レベル 2（U_A 値 = 0.28W ／ m^2 K、Q 値 = 1.15W ／ m^2 K 以上・西方設計推奨値）以上の断熱性能の住宅を前提に考えたいと思います。この性能であれば、エアコンで全室暖房とした場合の暖房費が、5 千〜 1 万円／月程度で収まります。

　これらの住宅の断熱性能に対応するサッシのおおまかな仕様としては、西方設計の標準下限値と標準値の住宅で、樹脂サッシ＋アルゴンガス入り Low-E ペアガラス、推奨値で樹脂サッシ＋アルゴンガス入り Low-E トリプルガラスサッシになります。

▶ 窓の断熱性能の考え方

窓の断熱性能を詳細に考える場合は、それぞれの役割と材質が違う3つの部材に分ける必要があります。熱貫流率Uf値で性能が表現される枠、熱貫流率Ug値で性能が表現されるガラス、線熱貫流率Ψg値で性能が表現される枠とガラスの境界周長です。窓全体の熱貫流率Uw値は組み合わせで下記の方程式で計算されます。

● 窓の熱貫流率（Uw）の計算法

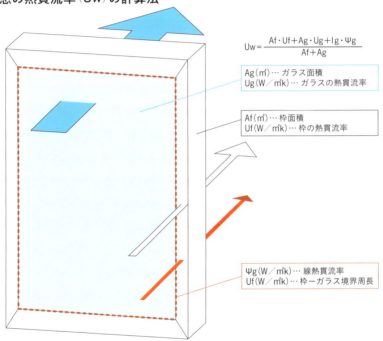

$$Uw = \frac{Af \cdot Uf + Ag \cdot Ug + lg \cdot \Psi g}{Af + Ag}$$

Ag（㎡）… ガラス面積
Ug（W／㎡k）… ガラスの熱貫流率

Af（㎡）… 枠面積
Uf（W／㎡k）… 枠の熱貫流率

Ψg（W／㎡k）… 線熱貫流率
Uf（W／㎡k）… 枠-ガラス境界周長

● Q値別の躯体の断熱仕様（GWはグラスウールの略）

UA値 (W/㎡K)	Q値 (W/㎡K)	壁GW (mm)	屋根GW (mm)	換気	窓
0.56	1.9	100	200	第3種	アルミ樹脂複合サッシ+アルゴンガス入り Low-Eペアガラス
0.46	1.6	100	200	第3種	樹脂サッシ+アルゴンガス入り Low-Eペアガラス
0.36	1.3	100	300	熱交換	樹脂サッシ+アルゴンガス入り Low-Eペアガラス
0.28	1.15	200	300	熱交換	樹脂サッシ+アルゴンガス入り Low-Eトリプルガラス

サッシ枠の特性と最新動向

　サッシ（障子、枠など）は、アルミ、断熱アルミ、アルミ樹脂複合、樹脂、木材などで製作されたもので、一般的にはこの列挙順に断熱性能が高いとされています（しかし、最近ではメーカーの開発競争によって木と樹脂の性能差はほぼなくなっています）。ここでは、エコハウス用のサッシとしてよく使われる、樹脂、木、そして最近普及しつつアルミコア、それぞれについて解説します。

❶高性能化する樹脂サッシ

　樹脂サッシは、熱貫流率の低い樹脂（塩ビ）を整形したサッシです。素材単体の熱貫流率は木材より若干高いが、サッシ枠内のチャンバー（空洞）の数を増やしたり、チャンバーに断熱材のウレタンフォームやビーズ法ポリスチレンフォーム（EPS）を充填したりすることで熱貫流率がかなり小さくなっており、優れた製品も登場しています。

　特に樹脂サッシの先進国であるドイツの製品に優れたものが多く、ドイツのフィンストラル社の製品は Uw ＝ 0.78W ／㎡Kと極めて高性能で、チャンバーは 20 室もあります（国産メーカーの最上級の製品で 9 室）。

　なお、樹脂サッシは紫外線による劣化の心配があり、それに対応したアルミクラッド樹脂サッシも存在します。栗原の「K-WINDOW」（Uw ＝ 1.2W ／㎡K）など国内メーカーから耐候性・耐久性にも優れた製品が存在します。

❷見込みが厚くなる木製サッシ

　木製サッシも、熱伝導率の低い木材を使っていますが、樹脂サッシとの性能競争のなかで、ウレタンフォームなどの断熱材がサンドイッチした製品が登場しています。これはドイツのバノオテック社の製品です。ただし、木材というエコ素材に樹脂を組み込むというのはなんとも皮肉なことです。さら

▶国内外のサッシの性能比較

栗原の「K-WINDOW」。バー材をカナダから輸入し国内で組み立てている。紫外線保護材（二酸化チタン）の含有量が多く、耐候・耐久性に優れる

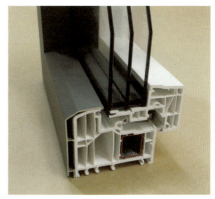

フィンストラル社の「エーデルフェンスター」。樹脂サッシを保護するアルミクラッドのサッシ枠

● 製品別サッシUf値比較（W／m²K）

サッシ	片引き窓(腰窓)	片引き窓(テラス)	開き窓	FIX窓
アルミ	7.74	7.74	6.88	8.11
アルミ断熱	5.9	5.9	5.26	5.26
アルミ樹脂複合A	4.3	4.7	3.64	2.99
アルミ樹脂複合B（サーモスH）	4.17	5.35	4.61	3.11
アルミ木材複合	4.3	4.7	3.64	2.99
樹脂A（スマージュ）	2.03	2.08	1.46	w1.11
樹脂B（アルペンPU）	2.01	1.97	1.51	1.24
樹脂C（APW330）	1.96	2.69	1.46	1.33
樹脂D（APW430）	—	—	1.27	1.13
樹脂E（プラマードU）	2.26	2.27	1.64	1.35
樹脂F（マイスターⅡ）	2.34	2.35	1.73	1.65
樹脂G（K-WINDOW）	1.56	2.02	1.25	1.2
木材A（エリートフェンスター）	1.59	1.59	1.11	1.4
木材B（夢まど）	1.36	1.39	1.37	1.22

にウレタンフォームのほかに ABS 樹脂を組み込んだ木製サッシもあります。

そこで、断熱材に頼らずに木製サッシの断熱性能を上げるために、サッシより性能が高くなったガラスの面積を大きく確保するべくサッシ枠の見付けの面積を小さくし、一方で木材の断熱性能を目一杯生かすために断面（見込み）を厚くする工夫がなされています。ドイツのスマートウィン社の製品は Uf = 0.75W ／㎡K と、従来の木製サッシの 1.2W ／㎡K 前後より格段に高く、高性能の樹脂サッシと同等の性能が確保できています。

ただし、木材は樹脂以上に紫外線や雨水による劣化が大きいです。そのため、自然素材のもつ素材感をデザインに生かすという点ではマイナスになってしまいますが、樹脂サッシと同様に外側をアルミで囲ったアルミクラッド木製サッシが存在します。

❸強度に優れるアルミコア断熱サッシ

樹脂サッシは窓の面積が大きくなると、サッシの強度を確保するために障子の内側に心材として金属が差し込まれることがありますが、これは結露を発生させる原因となります。したがって、金属の代わりに特殊硬質断熱樹脂を使い、さらに樹脂の外側を強度と耐候性があるアルミで覆った、アルミコア断熱サッシというものがあります。ドイツのライコー社の製品はチャンバーに断熱材が充填されており、Uf = 0.75 〜 0.70W ／㎡K と性能もかなり高いです。

❹結露しないサッシ

旭川（北海道）青森、気仙沼（宮城県）、前橋（群馬県）の最低気温での樹脂、アルミ樹脂複合、断熱アルミ、アルミコア断熱の枠材の結露のリスクを表わしています。旭川の最低気温（マイナス 20℃）で結露しないのはアルミコア断熱の各サッシ枠材であります。また、青森の最低気温（マイナス15℃）、気仙沼の最低気温（マイナス 10℃）、前橋の最低気温（マイナス 5℃）で結露しないのは樹脂とアルミコア断熱の枠材です。実際の経験上からも同様です。

世界の最先端サッシと結露リスク

中国の木＋硬質ウレタン＋ABS樹脂の複合木製サッシ（販売：オクタ）

ドイツ・バリオテック社製の木＋硬質ウレタン断熱材＋木製サッシ

ドイツ・ライコー社製のアルミコア断熱サッシのコアは特殊樹脂のチャンバーとビーズ法ポリスチレンフォーム断熱材

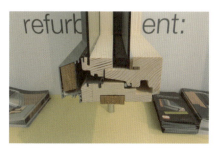

ドイツ・スマートウィン社製の木部の見込みが大きな木製サッシ

● サッシ仕様と結露リスク

地域区分	外気温	室内温度20℃の場合の室内側窓最低表面温度				
		樹脂	アルミ樹脂複合	断熱アルミ幅12mm断熱材使用	アルミコア断熱	
1	-20℃(旭川)	8.3℃	-4.9℃	-4.7℃	10.4℃	Uf < 1.6
	防露性能	×	×	×	○	
3	-15℃(青森)	9.8℃	-1.8℃	-1.6℃	9.6℃	Uf < 2.1
	防露性能	○	×	×	○	
4	-10℃(気仙沼)	11.3℃	1.3℃	1.4℃	11.0℃	Uf < 2.9
	防露性能	○	×	×	○	
5	-5℃(前橋)	12.7℃	4.4℃	4.5℃	10.0℃	Uf < 2.1
	防露性能	○	×	×	○	

国内外のサッシ製品の状況

　日本ではこれまで、サッシにアルミが長く使われていたため、現在でも断熱アルミサッシ＋ペアガラスの組み合わせが主流ですが、エコハウスなど高性能住宅への関心の高まりから、この数年で国内サッシメーカーから、Uw値が 1.0W ／㎡ K 前後の高性能な製品（主に樹脂サッシ＋希ガス入り Low-E トリプルガラスなど）が販売されています。しかし、サッシ製品全体におけるシェアはまだ低く価格もこなれてきていないので、樹脂サッシ＋ Low- E ペアガラスに比べて、40 坪ほどの家で 2 倍のコストアップ（2 万円／坪）になります。

　一方、ヨーロッパでは、北欧諸国、スイス、オーストリアなどはほとんどが木製で、ドイツは樹脂が多いという特徴がありますが、性能差はほとんどなく、Uw 値が 0.8W ／㎡ K 前後のサッシが普及しています。また、住宅の省エネ化を政府が積極的に推進している中国や韓国でも Uw 値が 0.8W ／㎡ K 前後のサッシが普及し始めています。したがって、西方設計の最上位の推奨値（Q = 1.15W ／㎡ K）の住宅やパッシブハウス（Q = 0.7W ／㎡ K）などの超高性能のエコハウスとする場合は、海外の輸入サッシに頼ってきました。

　なお、国産サッシは現状のサッシ枠に発泡系断熱材を充填し、ガラスの中間層にクリプトンガスを充填した APW430+（Uw 値 = 0.78）やシャノンウィンドウ UF（Uw 値 = 0.73、Uf 値 = 0.82W ／㎡ K、Ug 値 = 0.56W ／㎡ K）などの高い断熱性能のサッシを発売しています。価格は APW430+ でAPW430 の約 2.5 倍、APW330 の約 5 倍と考えてください。

製品・仕様別の熱量流熱

● サッシ製品の熱貫流率（Uw）（W1,690×H1,378mm のサッシを前提に QPEX で計算した数値）

商品名	メーカー	サッシ材質	仕様	ガラス・中間層の構成(Ug/ηg値)	スペーサー	中空層(mm)	熱貫流率(Uw)
スマージュ	三協アルミ	樹脂	すべり出し+FIX	クリプトンガス入り2Low-Eトリプルガラス(0.61/0.49)	樹脂	10	1.00
エルスター S	LIXIL	樹脂	すべり出し+FIX	アルゴンガス入りLow-Eペアガラス(1.18/0.62)	断熱	16	1.44
エルスター X	LIXIL	樹脂	すべり出し+FIX	アルゴンガス入り2Low-Eトリプルガラス(0.65/0.49)	断熱	15	1.02
レガリス	LIXIL	樹脂	すべり出し+FIX	アルゴンガス入りLow-E5層ガラス(0.29/0.34)	断熱	—	0.50
APW330	YKK AP	樹脂	すべり出し+FIX	アルゴンガス入り断熱Low-ペアガラス(1.3/0.61)	断熱	16	1.54
APW430	YKK AP	樹脂	すべり出し+FIX	アルゴンガス入りLow-Eトリプルガラス(0.95/0.56)	断熱	16	1.22
APW430+	YKK AP	樹脂	すべり出し+FIX	アルゴンガス入り遮熱Low-Eトリプルガラス(0.65/0.46)	断熱	16	0.99
トリプルシャノンIIs	エクセルシャノン	樹脂	すべり出し+FIX	断熱Low-Eペアガラス(1.49/0.74)	断熱	16	1.69
トリプルシャノンIIx	エクセルシャノン	樹脂	すべり出し+FIX	アルゴンガス入り断熱Low-Eトリプルガラス(Ug0.99/0.58)	断熱	16	1.33
K-WINDOW	栗原	樹脂	すべり出し+FIX	アルゴンガス入り断熱Low-Eトリプルガラス(0.99/0.58)	断熱	16	1.24
K-WINDOW	栗原	樹脂	すべり出し+FIX	アルゴンガス入り遮熱Low-Eトリプルガラス(0.83/0.48)	断熱	16	1.11
エリートフェンスター	ガデリウス	木材	回転	アルゴンガス入り2Low-Eトリプルガラス(0.60/0.37)	断熱	16	0.97
夢まど	アルス	木材	片引き	アルゴンガス入り断熱Low-Eトリプルガラス(0.66/0.49)	断熱	16	1.06

● 開口部の熱物性値

枠仕様	ガラス仕様	アルゴンガス	スペーサー	中空層(mm)	熱貫流率(Uw)
アルミ	単板ガラス	—	—	—	6.51
	ペアガラス	×	アルミ	6～10未満	4.07
アルミ断熱	ペアガラス	×	—	6～10未満	3.49
	Low-E2ガラス	×	—	10以上	2.91
アルミ樹脂複合	ペアガラス	×	—	10以上	3.49
	Low-E2ガラス	×	—	10以上	2.33
樹脂または木材	Low-E2ガラス	○	—	10以上	1.9
	Low-E3ガラス	○	—	9以上	1.7
	2Low-E3ガラス	○	—	7以上1.60	1.6

第7章 ｜ 窓を工夫して断熱・省エネを図る

日射熱取得率の高いガラスを開発する

　SPG（スーパーパッシブガラス）はガラスの熱収支をよくするために、日射取得と断熱性能とのバランスを考えて開発したガラスです。アルゴンガス入りLow-Eペアガラスの「SPG2」と2アルゴンガス入りLow-Eトリプルガラスの「SPG3」が開発されました。SPG2は温暖地用に開発されたもので、Ug = 1.05W／㎡K、G値 = 0.71。SPG 3は寒冷地用に開発されたもので、Ug値 = 0.75W／㎡K、G値 = 0.69です。

　数値を見れば分かるように、熱貫流率（Ug）は数値が小さいほど熱ロスが少なくなりますが、そのぶん日射熱取得率ηは悪くなります。一方で日射熱取得率ηを大きくするほど熱貫流率Ugも大きくなり熱ロスが増え、寒冷地ではガラスの室内側の表面温度が低くなり冷輻射が感じられて体感的に不快になります。結露のおそれも出てきます。そのためにSPG2を開発した後に、寒冷地用に熱貫流率Ugを優先したSPG3を開発しました。

　外気温度が0℃のとき、普通のペアガラスの場合ガラスの室内側の表面温度は13.5℃まで下がり、冷輻射やコールドドラフトが発生して、かなり寒く感じます。また、アルミスペーサーに接したガラスの周囲部分などは結露のおそれがあります。SPG2は0℃であってもガラスの室内側の表面温度が18℃弱なので冷輻射を感じないですし、結露のおそれもないです。

　また、外気温度がマイナス10℃のとき、普通のペアガラスでは10.5℃ほどまで下がり、冷輻射が感じられコールドドラフトが発生、結露のおそれがあります。SPG3は、同条件であってもガラスの室内側の表面温度は18℃であり、冷輻射を感じず結露のおそれもないです。

▶ 日射熱取得率が高いスーパーパッシブガラス

Q1.0住宅新潟信濃町。ペアガラスのSPG2を使った大窓＋長い庇で日射遮蔽をする

Q1.0住宅モデル能代。トリプルガラスのSPG3を使った大窓＋外付けブラインドで日射調整を行う

● ガラスの熱貫流率と日射侵入率

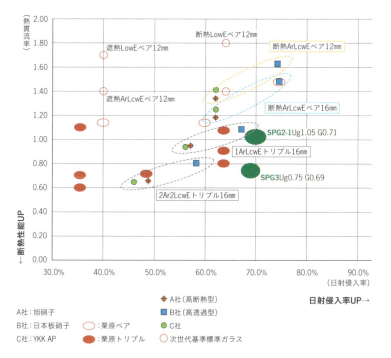

出典：新住協＋鎌田紀彦室蘭工業大学名誉教授

第7章　窓を工夫して断熱・省エネを図る

日射遮蔽は断熱性能に合わせて遮蔽設備を選ぶ

　高断熱住宅に限らず、家の中で夏を涼しく過ごすには、日射遮蔽が必須です。日射遮蔽の手法には、屋根、庇、バルコニー、ガラリ、簾、ツル性植物によるグリーンカーテン、遮光カーテン、遮熱ガラス、外付けブラインド、外付けシェードなどが挙げられます。

　しかし、Q 値が 1 前後の超高断熱住宅になると、わずかな日射熱が室内に侵入しただけでも室内の温度がオーバーヒートしてしまいます。その場合、太陽の日差しそのものである直達日射や、建物や地面から反射した光などを含む天空日射など、あらゆる日射を遮蔽する外付けブラインドや外付けシェードが有効になります。

　ここでは、温暖地である神奈川と埼玉の事例を例に、具体的な日射遮蔽手法を解説しましょう。1 つは屋根の軒を深く取って窓の日射遮蔽を行った Q1 住宅寒川、もう 1 つは庇の長さを抑えた代わりに外付けブラインドや外付けシェードで窓の日射遮蔽した Real ZEH 大宮堀の内です。

　神奈川県の湘南エリアに建つ Q1 住宅寒川は、Q 値＝ 1.22 kWh ／㎡で、西方設計の断熱仕様としては「標準」レベルになる。「標準」レベルの住宅の場合、天空日射が多少入ってきてもオーバーヒートになりにくいので、南側の屋根の軒の出を 1,200㎜ほどとって日射遮蔽を行っています。図 2 にあるように、太陽高度が最大になる夏至の前後は、深い軒の出によって直達日射が室内にほぼ入りません。その結果、エアコンの温度設定を 27℃にした場合の冷房負荷をひと夏で 26.5 kWh ／㎡と抑えることができています。冷房費はひと夏で 2 万 9 千円程度です。

　また、屋根の軒だけだと春分や秋分のころには窓面積の半分強ほどの日射

▶庇による日射遮蔽・取得の効果（Q1住宅寒川）

夏

夏：南側の2階は屋根の深い庇で、南側の1階はバルコニーで窓の日射遮蔽を行っている。東西は庇がないが、窓を小さくし、遮熱ガラスを使っている

春/秋

春・秋：窓面積の半分強ほどの日射が入るが、この時期はカーテンや通風などで対応できる

冬

冬：深い庇でも日射はよく入る

● 庇による日射遮蔽・取得の効果（Q1住宅寒川）

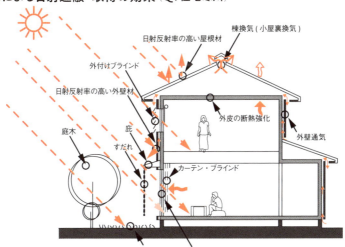

資料：自立循環型住宅への設計ガイドライン（建築環境・省エネルギー機構刊）

第7章　窓を工夫して断熱・省エネを図る

が入ってきますが、この時期は外気温もそれほど高くないため、室内の温度調節はカーテンや窓開けによる通風などで十分対応できます。冬は太陽高度が低いため、深い庇でも日射はよく入ります。なお、東西の窓は庇がない代わりに、窓を小さくし、かつ遮熱ガラスを使うことで十分対応できています。

　さいたま市に建つ Real ZEH 大宮堀の内は、Q 値 = 0.70 kWh ／㎡で、西方設計の断熱仕様としては「推奨」レベルになります。このレベルの断熱性能になるとわずかな日射熱で室内の温度が上昇してしまうため、夏は日射をしっかりと遮蔽する必要があります。ちなみに、5 ～ 8 月までは天空日射が全体の日射の 5 ～ 7 割ほどあります（6 ～ 7 月が特に多く 7 割ほどあります）。夏は太陽高度が高いため、長い庇などで直達日射は遮蔽することができますが、日射の多くを占める天空日射は遮蔽できません。また、夏の朝日や夕日の強烈な直達日射は庇では防ぐことができません。窓全体を覆う簾も全体日射量の 4 割程度しか遮蔽できないので、直達日射と天空日射をしっかりと遮蔽できる外付けブラインドや外付けシェードなどで防ぐ必要があります。

　この住宅は、南面の大きな窓のほか東面にも数多くの小窓を設けましたが、それらすべてに外付けブラインドを設置しました。夏は、外付けブラインドを 1 日中下げた状態にして日射を遮蔽します。そのほかの季節は室内温度や天候に応じて外付けブラインドを開け閉めしたり、スラットの角度を調節したりして日射量をコントロールします。エアコンの温度設定を 27℃にした場合の冷房負荷をひと夏で 14.0 kWh ／㎡と抑えることができ、冷房費は 1 万 8 千円程度です。

　なお、外付けブラインドを常時下ろしていると室内が暗くなってしまうので、北側に高窓、天窓を設けるなど採光の工夫が欠かせません。

▶高い断熱性能を持つ住宅の日射遮蔽 (Real ZEH大宮堀の内)

南東と南西に大きな窓が設置されているため、朝から夕方までの日射取得が得られる。また外付けブラインドによって日射取得量の調整も可能である

吹抜けのサンルームの床はコンクリート下地のタイル張り。日射熱をダイレクトゲインで蓄熱する

第7章 │ 窓を工夫して断熱・省エネを図る　　　　　　215

スペーサーの性能不足が
熱橋・結露を引き起こす

　ペアガラスなどでガラスとガラスの間の外側をぐるりと1周するように設置されているのがスペーサーです。ガラス同士の接合や中間層の乾燥空気・希ガスなどの漏れを防ぐために施工されるものです。ガラスを介して内部と外部をつなぐ部材であるため相応の断熱性能が要求される場所であり、スペーサーとそれに接するサッシ枠部分とが熱橋となり、結露を発生させることがあります。

　外気温度が0℃で、室温が20℃の場合に、サッシ、ガラスの各種の部材とアルミスペーサー・断熱スペーサーの組み合わせで結露の発生の可否を検討します。サッシの障子はAが$Uf = 1.320$W／㎡Kの樹脂、Bが$Uf = 3.528$W／㎡Kのアルミ樹脂複合、Cが$Uf = 5.914$W／㎡のアルミ（非断熱）、Dが$Uf = 4.618$W／㎡のアルミ（非断熱）、右端が$Uf = 1.217$W／㎡の樹脂です。ガラスとスペーサーは、図の青色が$Ug = 1.4$W／㎡Kのガラスとアルミスペーサー、緑色が$Ug = 1.15$W／㎡Kのガラスとアルミスペーサー、黄色が$Ug = 1.4$W／㎡Kのガラスとハイブリッド（断熱）スペーサー、赤色が$Ug = 1.15$W／㎡Kのガラスとハイブリッド（断熱）スペーサーです。

　縦軸が端部の表面温度であり、9.3℃の線が室温20℃・湿度50％の場合の結露リスクになります。Aの$Ug = 1.320$W／㎡Kの樹脂サッシでは、青色の$Ug = 1.4$W／㎡K、緑色の$Ug = 1.15$W／㎡Kのガラスとアルミスペーサーの組み合わせでは結露のおそれがあり、黄色の$Ug = 1.4$W／㎡K、赤色の$Ug = 1.15$W／㎡Kのガラスとハイブリッド（断熱）スペーサーの組み合わせでは結露のおそれが少ないことが分かります。

多層ガラスは遮熱スペーサーでも性能が変わる

現在はアルミのスペーサーがほとんどで、図のようにガラスの端部の熱が逃げやすく表面温度が低く結露しやすいです。しかし、樹脂とステンレスのハイブリットの断熱スペーサーを使用すると、表面温度が上がり結露しにくくなります。

● ガラスにスペーサーを入れて比較（ガラス性能値＝1.3w／m²k）

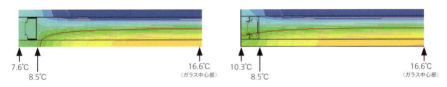

出典：Technoform Bautec Japan

● 窓とスペーサーの表面温度差（外気温：0℃、室温：20℃の場合）

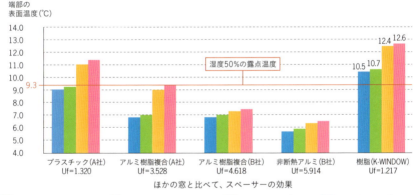

健康を保つためには、室内の相対湿度を50％前後にするのがベストですが、相対湿度が20％台の過乾燥状態では結露しなかった窓が、50％前後になるとガラスの端部や枠で結露するようになります。これを防ぐには、断熱性能の高い窓を選択するのがよいです。上のグラフを参照すると、2つのメーカーの製品が該当します。1つはA社の樹脂フレームの熱貫流率 Uf 値が 1.32W／m²K、ガラスの熱貫流率 Ug 値が 1.4W／m²K 以上で断熱スペーサーのハイブリットスペーサーの組み合わせです。もう1つは K-WINDOW の樹脂フレームの熱貫流率 Uf 値が 1.22W／m²K、ガラスの熱貫流率 Ug 値が 1.4W／m²K 以上でアルミスペーサーの組み合わせです。

出典：新住協＋鎌田紀彦室蘭工業大学名誉教授

第7章 ｜ 窓を工夫して断熱・省エネを図る

サッシ枠と躯体の間の
熱橋を防ぐ

　これまでの住宅は厚さ 105㎜の壁に断熱材を充填していましたが、Q1.0
住宅やパッシブハウスなどの高性能エコハウスでは付加断熱を行うため、壁
が 200 ～ 300㎜の厚さになります。したがって、サッシは壁内から付加断
熱部分までのどこに取り付けてもよく、設置個所についての自由度がかなり
高いです。

　ここで考えるべきことが、サッシ枠と躯体の取合い部分の問題です。熱貫
流率が低く抑えられたサッシ枠と断熱材が充填された躯体の間の部分が熱橋
となり、断熱上の弱点となります。海外では「Ψ Install」といい、断熱補
強など納まりの工夫がなされています。

　雨仕舞いを最も優先するのであれば、半外付けサッシのように外部側に
サッシのツバを出して設置するかたちになります。そして、瑕疵担保保険な
どに示されているように、サッシのツバと外壁の透湿防水シートを防水テー
プで連続させます。この場合、納まり上、窓台や額縁などの木材部材の割合
が高くなり、断熱性能面では弱点になってしまいます。

　したがって、熱橋や熱損失を考慮すると、より壁内にサッシを設置するこ
とになります。ただし、サッシのツバと外壁の透湿防水シートを連続させる
ために、サッシまで透湿防水シートや外装材を伸ばす、ツバを製作して外装
面まで伸ばすなどの対策をする必要がありますが、これらはコストアップに
なるうえに、防水的にも万全とはいえません。

　なお、西方設計では熱損失の小さいモデル B の納まりを採用するか、さ
らに断熱性を高める場合は、Ψ Install 部分の熱橋を断熱的に補強していま
す。

▶熱橋を考えた窓の配置と納まり

高性能な住宅になればなるほど窓と躯体の取り合い部分（ΨInstall）の熱橋による熱損失の割合が大きくなります。これまで窓の位置や納まりは雨仕舞を優先的に考え、ΨInstallを疎かにしていましたが、壁が厚くなると、窓の位置や納まりの選択肢が増え、熱橋が少ない上図のモデルBの位置が選択されるようになりました。また、窓の性能アップにも限度があることから、下図のように窓のフレームを躯体の断熱材でカバーするようなΨInstallの納まりがあります。

● サッシの設置位置による熱損失

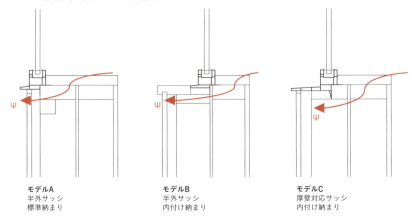

モデルA
半外サッシ
標準納まり

モデルB
半外サッシ
内付け納まり

モデルC
厚壁対応サッシ
内付け納まり

出典：新住協＋鎌田紀彦室蘭工業大学名誉教授

● ΨInstall を考えた納まり

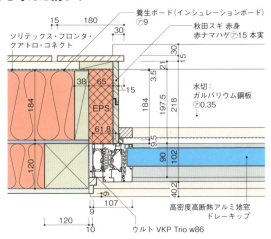

第7章　窓を工夫して断熱・省エネを図る　　219

窓の性能とコストのバランスによる選択

　ガラスを Low-E ペアガラスとして、アルミ断熱サッシはアルミサッシの約 2 倍弱、樹脂サッシはアルミサッシの約 2 倍、木製サッシは樹脂サッシの約 2 倍の価格帯となります。

　温暖な 4 〜 8 地域でも、サッシは断熱アルミサッシ以上で、ガラスはペアガラス以上の性能のものを使用したほうがよいでしょう。窓が大きい場合は Low-E ペアガラスと樹脂サッシにしたいところです。1・2・3 地域の北海道・北東北では、窓枠は樹脂サッシか木製サッシで、ガラスは、1・2 地域でガス入り Low-E ペアガラス、3 地域の北東北では Low-E ペアガラス、3 地域の太平洋側では遮熱 Low-E ペアガラス以上が望ましいです。

　住宅 1 軒分のサッシをすべて引違いにした場合は、すべてを片開きなどの気密性の高いサッシにした場合よりも、隙間相当面積が 0.3cm²／㎡ほど悪くなります。これは、4 地域以北では厳しいものですが、5・6 地域の南東北以西ではそれほど負担にはならないと考えられます。なお、北東北にいる筆者の場合、最近では居間のテラス戸や個室の窓には引違いを使用する頻度が多くなってきています。冬場以外に大きく開けられるのは魅力ですし、大窓ながら網戸が簡単でよいためです。ただし暖房方式やほかの部位の断熱性能を高める工夫が必須となります。

　気密に関しては、前述したようにほとんどの断熱サッシが A-4 以上なので、問題はありません。40 坪前後の住宅の外部の複層ガラス断熱サッシは、一重のアルミ熱遮断サッシから樹脂サッシへの変更でおよそ 120 万〜 140 万円であり、さらに複層ガラスを遮熱 Low-E ペアガラスにグレードアップすると、12 万〜 15 万円程度のコストアップになります。

ヘーベシーベ：大型ハンドルで、大型の片引き戸や引き違い戸を簡単に開け閉めできる機構をもつ窓のこと。ドイツなどで開発された窓で、日本でもビルを中心に幅広い用途の建物で使われている。

冷暖房負荷（れいだんぼうふか）：ここでは、室内や建物から失われていく熱量の総量をいう。冬は外気温が低いため、室内の熱は壁、屋根、床を通過して失われていく。そのため、暖房に負荷をかけて、失われた熱量の総量を補給する必要がある。夏はその反対となる。

▶ 窓と家の性能・コストバランス

ここでは西方設計の考える推奨値を目安に、コストバランスを考えたうえで、対応した窓の枠材とガラスとスペーサーを選択しました。
3地域以北は窓の熱貫流率Uw値が0.85W／㎡K以上の窓をローコストで標準レベルに欲しいですが、日本では標準レベルで流通していません。

● 窓の性能とコストのバランスによる西方設計標準住宅（Q1.0住宅Level 2）

地域	住宅性能 UA値W/㎡K 西方設計標準	住宅性能 UA値W/㎡K 平成28年基準（参考）	窓性能 Uw値 (W／㎡K)	窓部材 枠材	窓部材 ガラス	窓部材 スペーサー
1地域	0.21	0.46	0.9	PVC、木	Ar2Low-Eトリプル	断熱
2地域	0.21	0.46	0.9	PVC、木	Ar2Low-Eトリプル	断熱
3地域	0.24	0.56	1	PVC、木	ArLow-Eトリプル	断熱
4地域	0.28	0.75	1.2	PVC、木	Ar2Low-Eトリプル	断熱
5地域	0.34	0.87	1.5	PVC	ArLow-Eペア	アルミ
6地域	0.34	0.87	1.5	PVC	ArLow-Eペア	アルミ
7地域	0.34	0.87	1.5	PVC	ArLow-Eペア	アルミ

6地域以西で一般的なペアガラス+断熱アルミサッシから考えれば、ArLow-Eペアガラス+樹脂サッシ（PVC）は価格的には大きな壁なのでしょうが、これからのエコハウスには必要な窓性能です。

気密性能の地域区分と
等級の選択

　窓材の気密性能についてはどれくらいの性能が必要なのでしょうか。これ
についても、前述の理由から品確法・温熱環境項目の等級4の仕様に絞っ
て解説しましょう。

　まず、1・2・3地域では、窓に日本工業規格（JIS）A4706に定める気密
性等級がA-4以上のサッシを用い、窓の気密性を高めることが求められま
す。一方、4・5・6地域では、JISA4706に定める気密性等級がA-3以上
のサッシを用いることが求められています。アルミ以外のサッシは、ほとん
どが気密性等級がA-4以上であるため、これらのサッシを使用したほうが
よいでしょう。

　窓の気密性は、開閉方式と施工精度によって決まります。住宅の気密テス
トで50Paの圧力をかけると、引違いサッシは召合せ（二つの建具が突き合わ
さる部分のこと）のパッキン部分や開き窓でもパッキンの角の部分の精度が悪
ければ、勢いよく隙間風が飛び込んできます。はめ殺し窓は性能がよいので
すが、家中には使えません。換気や通風、人の出入りを考えると開き窓が必
要になってきます。開き窓は、気密パッキン材と引寄せ金具の仕様によって
気密性を高くすることが可能です。さらに気密性を高めるために開き戸とは
め殺し窓がセットになった窓も多用されています。ただし、開き戸の生活に
馴染めない人も多く、高性能な片引き窓が要求されることもあります。

　木製サッシには、ドイツの金具を使った性能の高い、吊り片引きの窓もあ
ります。これを使えば、かなり大きなテラス戸をつくることができ、開放感
にあふれた空間となります。このほか防犯を考えながら通風や換気のできる
多機能なドレーキップ窓などもあります。

ドレーキップ窓（―まど）：内開きと内倒しの2つの開閉が可能な窓のこと。内倒しは可動範囲が小さく主に換気
用として使われる。ドイツなどで開発された窓で、日本でもビルを中心に幅広い用途の建物で使われている。

第 **8** 章

エコハウスのための換気・冷暖房計画

「計画換気」を考える

　初めにお断りしておきたいのですが、「高気密化するから換気が必要になる」わけではありません。少ない換気量で最大の効果を得るため、換気経路や換気量を明確化し、制御する、これが「計画換気」と呼ばれる考え方です。そして、これらの実現のためには高気密化が不可欠なのです。この計画換気の目的としては、除湿による結露防止や除臭、ホルムアルデヒドなどの VOC の排出、新鮮空気の導入などが挙げられます。4 人家族の生活では、人体から 4ℓ、炊事で 1.6ℓ、入浴で 1.3ℓ、洗濯乾燥から 0.9ℓ となり、1 日に発生する水分が合計 9.4ℓ（1 升瓶にして 5 本分）にも達します。従来の寒い家なら、この大量の水蒸気が低温の窓や非暖房室で冷えて水に戻り結露になります。そして、結露や湿気は、建物を腐らせたり、人体に不快感を与えたり、カビやダニの増殖を招くのです。

　アレルギーで問題となっているカビやダニは、湿度を低い状態にしておくと発生が抑えられます。逆に、インフルエンザウィルスは、湿度が低い状態では高い生存力を保っています。これから判断すると 50％程度の湿度が人体にとっては望ましいところです。つまり、人体と住居の両方の健康を考えて湿度を調整する必要があります。

　このほかに省エネルギーも計画換気の目的の一つです。省エネルギーというと意外に思われる方もいるかもしれませんが、空気を入れ換えると一緒に熱も逃げてしまいます。換気を効率的に行うことで、逃げてしまう熱の量を最小限に留めることができるのです。

VOC：Volatile Organic Compounds の略で、揮発性有機化合物のこと。ホルムアルデヒドのほか、トルエン、ベンゼン、ジクロロメタンなどが含まれる。シックハウス症候群や化学物質過敏症の原因物質であるが、建築基準法では、ホルムアルデヒド以外の VOC は規制されていない。

▶機械換気の方式は大きく3つに分けられる

機械換気には第1種から第3種換気まであります。
第1種換気は給気と排気の両方に専用ファンを使う方法です。
熱交換方式には第1種換気が使われます。
第2種換気は給気のみに専用ファンを使う方法ですが、実施例は非常に少ないです。
第3種換気は排気のみに専用ファンを使う方法で最も普及しています。

● 第3種　排気型

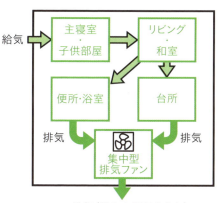

排気用のファンを回して室内を負圧にすることで給気口から空気を取り入れる仕組み。コストは比較的安い。

● 第1種　熱交換型

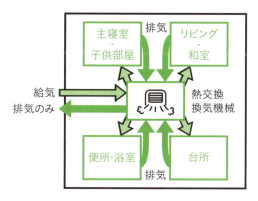

給気・排気ともにファンを使って換気するとともに、給気・排気が入れ替わる際に熱を交換することで、熱エネルギーの損失を防ぐ。コストは比較的高い。

換気量は
どの程度必要なのか?

　換気量の目安として使われているのが、「換気回数」という考え方です。これは、1時間当たりに室内の空気が丸ごと何回入れ替わるかを示す単位です。

　住まいで衛生上必要な換気量は、1人当たり25 ～ 30㎥／hほどとなります。タバコの煙などは、換気システムでは賄いきれないほどの換気量が必要になり、適宜窓を開けるなどの対応が必要となります。新築時に、シックハウスを引き起こすホルムアルデヒドや揮発性有機化合物などの残留が多い場合も、100 ～ 150㎥／h程度の換気量では不足であり、ほかの対処が必要です。建物の気密性能は、換気量に大きく影響を与えます。気密の性能は、隙間相当面積で表現されますが、在来工法の隙間相当面積は10㎠／㎡以上、高断熱・高気密住宅で隙間相当面積は2㎠／㎡以下、換気回数は0.5回／hということになります。

　最小限の換気量で最大限の効果を計るのが計画換気ですから、全体の換気量だけでなく、各部屋の換気量のバランスが取れていなければなりません。一般的には、居間や個室などの居室から外部の新鮮空気を取り入れて、便所・洗面室・浴室・キッチンなどの汚染場所から排出する換気経路を計画します。

　ただし、配管ダクトが長かったり曲がりが多いと、ダクト内の気流に抵抗がかかってしまい換気量が減ってしまいます。特にバランスの悪さがよく見かけられるのは、2階の寝室や便所です。**セントラル換気扇**から遠く、配管が長く曲がりくねっているので、実際の換気量を計測すると、数値が出ないほど換気量がありません。

セントラル換気扇 (―かんきせん)：1つの換気ユニットと各部屋をつなぐダクトで、家全体の換気を行うシステムのこと。計画的な換気が行いやすく、また、換気扇が1つであるため、設置個所に注意すれば騒音の問題も少ない。ただし、各部屋の排気に伴うホコリやチリなどが換気ユニットに集まるため、定期的なメンテナンスが重要になる。また、排気口ごとに換気扇を設置する個別換気に比べて、やや初期費用がかかる傾向がある。

▶ 換気システムにもいろいろある

熱回収率が90%前後のスティーベル社の第1種換気の熱交換換気システム。Q値を1.0W/㎡Kにするには、このクラスの熱回収性能が必要になる

澄家EcoS（マーベックス）。1種全熱交換換気システム、温度交換率90%。本体は床下に設置され、冬場の15℃、夏場の25℃の床下地中熱をうまく使い、床下エアコン暖冷房と相性がよい。春や秋の中間期は3種換気になるハイブリット

熱回収率が75%前後のパナソニック電工の第1種換気の熱交換換気システム。国内メーカーでは最高レベルの熱効率を誇る

SE200RS（ローヤル電機）。1種全熱交換換気システム、温度交換率90%。省電力DCモーター使用。春や秋の中間期は3種換気になるハイブリット

NIBE3種換気システム排熱ヒートポンプ＋太陽熱給湯（ガデリウス）。3種換気でその排熱を20℃から-5℃に利用し、消費電力600Wをヒートポンプで3倍の1,800Wの出力にする。冬に日射が少なく寒冷な日本海側の地域に適合し、日射の多い春夏秋は太陽熱給湯が主体で、曇りなどでは換気排熱ヒートポンプ給湯が補助的に作動する。冬は換気排熱ヒートポンプ給湯が主体になる

第8章 ｜ エコハウスのための換気・冷暖房計画

換気には
自然換気と機械換気がある

　換気には、「自然換気」と「機械換気」があり、さらに機械換気は「個別換気」と「計画換気」に分けられます。個別換気は、台所・便所・洗面所・居間・個室などに換気扇を付けるというものです。計画換気は、住居の空間構成によってあらかじめ計画され、適正な屋内全体の給排気のバランスや経路や換気量をシステム的に考えるもので、これによりエネルギーの最適配分と人間と住居の健康が満足されます。計画換気を実現するシステムには、省エネルギーを考えて、排出する汚れた空気から熱を回収し、新たに導入された新鮮空気に熱を与える熱交換換気装置とダクトによりシステム化されたものや、汚れた空気を計量的にダクトで排気する装置と各給気口によりシステム化されたものなどがあります。ほかに個別の換気扇を利用し、全体の換気をローコストに考えた換気もあります。これらは除湿・排湿機能をもち、湿度調整が行えますが、局所換気の領域から抜け出せないものです。計画換気は以下の四つに分類されます

❶第1種換気：強制給排気を行い室内外の圧力差がほとんど生じないもの。
　全熱タイプと顕熱タイプがあります

❷第2種換気：強制給気を行い室内が正圧になるもの

❸第3種換気：強制排気を行い室内が負圧になるもの

❹第4種換気：自然換気で、室内外の温度差によって生じる気圧差を換
　気に利用するもの

　❶の第1種換気においては、熱回収型の同時給排熱交換ユニットにダクトを配管し、全体的にシステム化します。室内の汚れた空気を捨てますが、外から空気を導入する際に、排気する空気から熱を回収する熱交換換気型が多

機械換気（きかいかんき）：換気扇やファンなどの機械を使った換気のこと。アクティブ換気ともいう。対義語は、自然換気、パッシブ換気である。建築基準法により機械換気導入が義務付けられているため、2003年7月以降に着工した建物には、機械換気が取り付けられている。機械換気には、機械を給気側、排気側など設置する箇所に応じて、第1種～第3種の換気方式に分類される。

▶高効率の熱交換換気システムを使った快適住宅

熱交換換気システムにスティーベル社の熱効率90%、消費電力30w/hの製品を使用した例です。外気は地熱によって暖められたり冷やされたりしてから導入されるホット(クール)チューブを使って室内に導入しています。こうすることで熱交換換気機器内で結露する心配がありません。
なお、夏は地下室の冷気を上階までファンで引き上げ、家中を緩やかに冷やします。

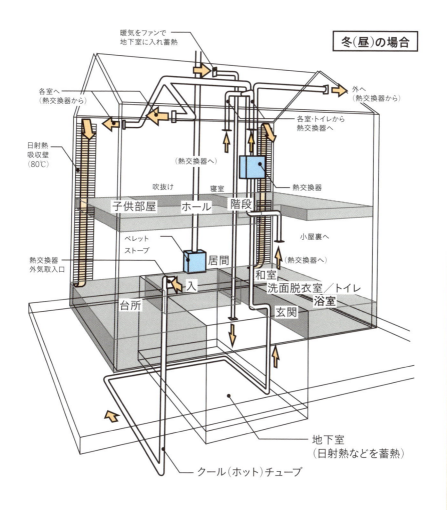

第8章 ｜ エコハウスのための換気・冷暖房計画

く使用されています。熱を回収し省エネルギーになるものの熱回収率が高くモーターの電気代が低くなければ省エネルギーにはなりません。熱損失係数数のＱ1.0住宅の用にＱ値が 1.0 W／㎡Ｋを切る超高性能な住宅には熱回収率が 75％以上、省エネルギーな DC（直流）モーターで 35 W程度の熱交換換気システムが必要になります。

❷の第 2 種換気は、室内側の圧力が強く、水蒸気が外壁に押し出され結露しやすい危険な状態になるため、住宅ではほとんど使われていません。

❸の第 3 種換気は、集中機械換気システムと、パイプファンによる排気と自然給気口の組み合わせの 2 種類に分けられます。集中機械換気システムには、実際の空気の汚染度を感知し、汚染度に対応した換気量で換気できるものがあり、人数が少ないときや、家族の活動がおさまった夜などに換気量がセーブされ、乾燥過多が抑えられます。ローコストなのは、便所や浴室の排気ファンで住宅全体の空気を集める方法です。この方法では、給気口の位置は住宅の広い範囲を経由するように計画し、換気扇のスイッチは蓋のついたものを採用したり、位置を 2 m など高いところに設置するなど、間違って消されない工夫をします。

❹の第 4 種換気はいわゆる自然換気ですが、採用にあたっては高い気密性能が必要となります。メリットとしては、ランニングコストがかからず、維持管理も楽な点が挙げられます。逆にデメリットは、換気量にばらつきがあり、建築的な工夫が必要で大がかりになる点です。換気煙突と躯体を効果的に使った積極的なパッシブ換気システムの事例が少しずつ増えています。

コストに関しても、専用の排気筒が 2 個必要になるのですが、2 個約 14万円、ほかの部材を含めると材料費だけで約 17 万円かかってしまいます。このほかに浴室・便所・洗面所などの局所換気扇が約 6 万円、関連建築工事費が約 5 万円の合計約 28 万円にもなります。これは排気型セントラル換気システム並みのコストです。また、パッシブ換気の事例は少ないので、ノウハウを蓄積している設計事務所や工務店が少ないのも難点です。

パッシブ換気（ーかんき）：換気扇やファンなどの機械を使わない換気のこと。自然換気ともいう。基本的には、暖かい煙が上昇するという煙突効果を利用し、吹き抜けなどを設け、さらに建物の上部に換気のための窓を設けることで、換気を促すという方法が一般的に用いられている。ただし、空気の流れを設計することは非常に難しいため、住宅などでは原則機械換気の導入が義務付けられており、実際はパッシブ換気と機械換気のハイブリッド換気が一般的行われている。

▶ 高効率で施工しやすい国産の熱交換換気システム

熱回収率が75%前後と高効率な熱交換換気システムです。
直流(DC)モーターで16.5W程度の消費電力なためランニングコストが低く、
そのうえイニシャルコストも手頃で、コストパフォーマンスに優れています。
換気量が75㎥なので、一般的な住宅であれば、1・2階にそれぞれ1機、
計2機つけるのが望ましいです。こうすることで1・2階を別々に配管ができます。
また、配管の直径が75㎜なので施工が簡易です。

パナソニックの第1種換気の熱交換換気システム

換気システムのダクトの外径が75㎜なので、壁の中を容易に配管できる

第8章 | エコハウスのための換気・冷暖房計画

換気システム＋暖房システムを選ぶ

　換気システムを選ぶには暖房システムと一体に考えたものが多くなり、費用対効果を考えながら一緒に選びましょう。換気と暖房は良好な室内環境を維持するためであり、VOCや二酸化炭素や匂いなどの排出や温度と湿度の調整をできる限りシンプルに行いたいものです。

　暖房時の相対湿度が30%以下になる過乾燥は防ぎようがないとされてきましたが、特別の加湿器を用いなくても50%前後にすることができるようになっています。梅雨の時期にも特別の除湿機を用いなくても50%前後に維持できます。

　選択の要素は下記によります。

❶ダクトがあるかないか、その中間か

❷良好な湿度をたもてるか

❸コスト

❹メンテナンスの容易さ

❺音が静かか

❻オプションとして花粉やPM2.5を除去

　ダクトが長々と配管されているさまを見て住宅レベルの設備ではないと嫌ってしまう人や、ダクトの中にカビやホコリが溜まり堆積するのではないか、ダクト内の清掃はどうするの、といった疑問をもつ人が多いです。最近ではダクト内清掃の専門会社ができ、各県に1カ所程度の代理店があり安心です。これは専用ロボットを使い10年に1回程度の清掃を行い、コストはおおよそ15万円です。またこのタイミングで機器のメンテナンスも併せて行いましょう。

▶ ダクトがないダクトレス熱交換換気システム

換気ユニット2台を1セットとし、それぞれの換気ファンが70秒ごとに連動反転することで給排気が切り替わります。通過する給排気の熱を蓄熱エレメントに蓄積しながら換気することで、熱を逃がさずに新鮮な空気に入れ替えることができます。
蓄熱エレメントには、熱交換効率が高いハニカム構造の多孔質セラミックを使用。セラミック素材は消耗しにくく、水洗いなどの簡単なメンテナンスで、長期間性能を維持することができます。

● ダクトレス熱交換換気システムの考え方

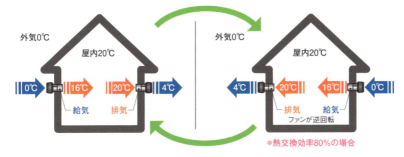

出典：日本スティーベル

● ダクトレス熱交換換気システムの個体の相互関連

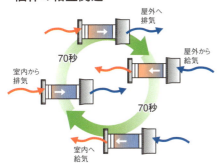

熱回収壁右上部に設置された熱交換換気システム

出典：ヴェントサン

・冷暖房のダクトエアコンと給気と排気の両方にダクトがある

標準的な全熱や顕熱の熱交換換気システム＋冷暖房ダクトエアコンが挙げられます。

・給気側ダクトがとても短いかない

全熱や顕熱の熱交換換気システム＋エアコン冷暖房では、排気ダクトに埃があったとしても排気される側であるのでよいのですが、給気側ダクトは経路を最短な計画で適切に行うことが必要です。給気側ダクトがまったくないのは3種換気システムになりますが、換気による熱ロスが大きくなります。

・給気側ダクトがない

給気側も排気側もまったくダクトがないのはダクトレスの熱交換換気システム、トイレや浴室などの壁取付けファンと給気口の組み合わせを常時換気にした3種換気になります。給気側のダクトがないが排気側のダクトはある3種換気システムもあります。3種換気は熱ロスが大きくなります。

❷ 適切な湿度をたもてるか

3種換気であれば、冬季の暖房時に水蒸気が捨てられ相対湿度が30％以下の乾燥になり、夏季は外の水蒸気を入れ込むので相対湿度が70％以上の多湿になります。これを防ぐには、熱回収と共に水蒸気回収に特化した熱交換換気システムが適切です。熱素子がアルミで回転式のフレクト・ウッズ社（代理店：ガデリウス）の熱交換換気機器とダクトエアコンやエアコンとの組み合わせが有効で、特別の加湿器を用いなくても暖房期に相対湿度が50％前後、梅雨の時期にも特別の除湿機を用いなくても50％前後に維持できます。

❸ コスト

もっとも低価格なのはトイレや浴室などの常備される「壁取付けファンと給気口の組み合わせの常時換気の3種換気＋エアコン」冷暖房になります。各室に温度ムラや換気ムラがあり、過乾燥にもなります。最も高価なのは「熱交換換気システム＋ダクトエアコン」冷暖房です。

その次は「熱交換換気システム＋エアコン」冷暖房があります。

ダクトあり熱交換換気を組み込んだ冷暖房

● ダクトが給気・排気ともにある熱交換換気＋冷暖房システム

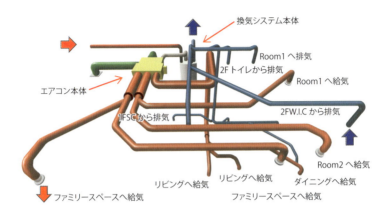

各室の給気・排気のダクトがフルに配管されている熱交換換気＋冷暖房システム。ダクト内の汚染がない、メンテナンスができれば優れた方式です。ダクトの直径が150mmと太く金属のスパイラル管などでダクト内の汚染の危険度が少ないです。壁掛けで前面のパネルのビスを抜くことで取り除かれ、フィルターの掃除や交換やメンテナンスがしやすいです。

出典：ガデリウス

● 給気ダクト2m熱交換換気＋床下暖房システム

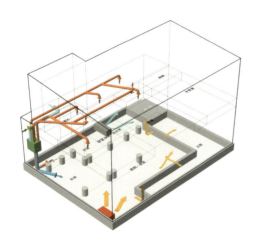

熱交換換気システムと床下暖房エアコンの組み合わせです。日本人はダクト内の汚染の危険を必要以上に思いダクトを嫌うことから、給気側の青い部分のダクトを2mなどと最短距離に工夫しています。熱交換換気システムの本体をユーティリティに設置し、外からの給気を最短距離のダクトで床下に給気します。この部分は露出配管なのでメンテナンスや掃除ができる。冷房は2階のエアコンです。

❹ メンテナンスの容易さ

・換気機器のフィルターの清掃や交換

換気機器にフィルターがついているが、壁などに取り付き、清掃しやすいタイプです。

・交換性

これも本体が壁などに取り付き、交換しやすいタイプです。

・ダクト清掃

ダクト内に埃や結露がしにくい計画や選択が必要です。ダクトの径が太いものの選択、曲がりが少ない計画などが必要です。10年に1度は点検し汚れが見られる場合は専門業者によるダクト内の清掃をしたいものです。15万円ほどかかります。

❺ 音が静かか

ダクトレスの熱交換換気システムは熱交換換気機器が個室や居室に取り着くので、ファンの音に注意しなければなりません。

❻ オプションとして花粉やPM2.5の除去

ほとんどの機種がオプションで取り付けられますが、必要な場合は確認が必要です。

Q＝値1.3W／㎡K（U_A値は換気による熱損失を入れないので、ここでは入れるQ値）からの住宅では3種換気でよいのですが、以下の高性能になると熱回収する1種換気熱交換が必要になります。その中に温度のみを回収する顕熱タイプと、水蒸気（水蒸気に含まれる潜熱）も回収する全熱タイプがあります。

高断熱・高気密住宅がで始めた頃は、熱交換素子の耐久性やカビなどの問題で顕熱タイプが主流でした。また、顕熱タイプは室内の水蒸気を回収しなく放出するので室内は過乾燥になります。その後は、より省エネルギーを求めて、空気の熱と水蒸気とそれに含まれる潜熱も回収する工夫された全熱タイプが多く使用されています。浴室や洗濯乾燥室から、水蒸気を回収できるタイプのものは過乾燥を弱めることができます。

▶ 換気設備選びで重要なメンテの容易さとダクトの清掃性

ダクト内の汚れのあるなしは配管の計画とフィルターの掃除によります。
熱交換換気システムの本体が壁などの手の届く所にあると、
その中のフィルターの掃除しやすくなります。ダクト内清掃の専門業者もあります。

● ダクト内清掃の概念図

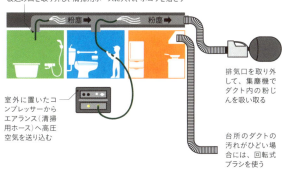

換気ダクトは実際には何度か曲がって建物の外部へ到達します。直径およそ100〜150mmの固く折れ曲がった筒の中をきれいに清掃するには特殊な技術が必要です。WintVentは住宅用の複雑に曲がったダクト形状に対応するために特化された技術で、ダクト内部をすみずみまできれいにします。

出典：日本ウィントン

壁掛けで前面の縦型の細長いグレーの部分を引き出すと内蔵されたフィルターが出てくるため、掃除や交換がしやすく、パネルも簡単に開けられメンテナンスが容易

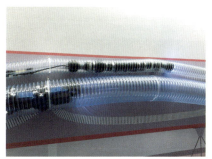

ダクト内の清掃の状況が分かる

油などの汚れがひどい場合の清掃ロボット

暖冷房システムを考える

　日本には四季があります。寒い時期を快適に過ごすには暖房システムが不可欠です。そこで、ここからは、安価で快適な新しい暖冷房方式である「床下暖冷房」をはじめとして、高断熱・高気密住宅で考えられるさまざまな暖房方式について解説しましょう。

　現在の暖冷房システムは主に空気を暖冷房するものですが、天井面・壁面・床面の輻射熱が考慮されていません。低い断熱レベルの住宅では暖房時に室温が20℃あっても、天井面・壁面・床面の温度は低く10.8℃で冷輻射のために体感温度が15.4℃と肌寒く感じられます。この問題を解消するには、暖冷房機器の選択だけを考えてもだめです。建物の躯体（床・壁・天井・開口部）の断熱性と気密性、換気を利用することも含めて、設備と建築を一体的に計画する必要があります。

　高い断熱レベルの住宅では、暖房時に室温が21℃の時は、天井面・壁面・床面の温度は19℃で体感温度は20℃と暖かいです。その点からいうと、現在わが国で大流行しており、最もニーズの高い床暖房は、輻射熱を利用しているものの、コスト高から限られた床面積にしか採用できず、全室暖房するには床面を高温にせざるを得ません。しかし、住宅では床に座ったり、寝そべったりで、体が高温の床面に直接触れている状態となっていて、低温火傷や、リウマチなど関節にダメージが生じる可能性があります。かといって、人体にダメージがない25℃以下にすると熱量が少なく、全室暖房にはなりません。そのため、床暖房はあくまで寒い家の補助暖房と考えたほうがよいのです。

　断熱・気密が考えられていない住宅の場合、全室暖冷房のコストは考えら

床下暖房〔ゆかしただんぼう〕：床下に暖房を設置することで、基礎コンクリートに蓄熱を促し、緩やかに建物全体を暖める暖房手法。基礎部分に暖房機を設置するという比較的シンプルな構造のため、施工が簡単で設置費用もあまりかからない。熱が室内に放出しやすいように床面にガラリを設けたり、基礎コンクリートに蓄えられた熱が外部に放出しないように、基礎断熱を行う必要がある。

▶ 全室暖房にもいろいろある

高断熱・高気密住宅とすることで、安いランニングコストで全室暖房が可能になります。全室暖房にはさまざまな方法があります。
設置コストや快適性などから自分に合った暖房方式を選びたいものです。
このほか、床下暖房などもオススメです。

パネルヒーティング
快適だがイニシャルコストが高い。

床暖房システム
高断熱・高気密住宅は向かない。

セントラル
換気と冷暖房とを組み合わせたものが多い。イニシャルコストが高い。

FF式ストーブ+α
ローコストで快適性もよい。

床下エアコン
床下にエアコンを置き、暖冷房をする。1台だとプランに制約があり。

FF式ストーブ1台
最もローコストだが、プランに制約あり。

れません。断熱・気密住宅でも、今までの温水暖房パネルシステムをつかった場合、全室暖冷房するにはイニシャルコストが 150 万円以上、暖房のみなら 100 万円以上かかります。最もローコストの FF 式ストーブ 1 台による全室暖房なら 15 万円で仕上がりますが、暖気が自然循環できるように吹抜けを利用した、壁の少ない開放型の十分に練られた平面計画・暖房計画が必要となります。

　従来の建て方では、ボイラーや配管などの設備費や灯油などの維持費が大きかったことから、全室暖房は考えられないことだったのですが、高断熱・高気密の家ならそれほど負担にならず、全室暖房が可能になりました。最もローコストの方法は前述した FF 式ストーブやエアコンで、1 台で 50 坪くらいまでは暖房することが可能です。

　さらに良好な室内環境を得るには、パネルヒーターなどを家の各所に設置して熱源を拡散する放熱方法がお勧めです。昔からある設備で放熱方法はさほど変わっていませんが、熱源は多種多様な方式が増え、電気、石油、ガスなどの動力エンジンによる空気熱源ヒートポンプ、電気による地中熱熱源のヒートポンプなどの新しい方式が続々と登場しています。

　いずれにしても、室内での温度差や 1 日の温度差の変化が少ないように、その家にあった暖房のシステムを考える必要があります。全室暖房は温度環境ばかりでなく、室内の温度差を少なくすることによって、室温の低いところでも最低 18℃以上に保ち、結露の問題も解決します。暖房を考えるときは、大きな窓の下に放熱器を置いて冷輻射を防いだり、給気口などの外気が侵入してくる経路に放熱器を置いて冷気流を防いだりすることが必要なのです。

▶ 省エネ性に優れるヒートポンプを使った暖房

外部の空気を利用したヒートポンプで暖房・給湯用温水をつくり
各所の放熱器に循環させる方式を採用することが多くなっています。
ここではその例をいくつか紹介します。

ヒートポンプを使った暖房システム（三菱電機の「エコヌクール」）の室外機。空気熱源（動力電気）ヒートポンプで暖房用の温水をつくり、各所の放熱器に循環させる

コールドドラフトを防ぐために寝室の窓下に設置された温水パネルヒータ

● 第3種換気システムの換気排熱を利用したヒートポンプ

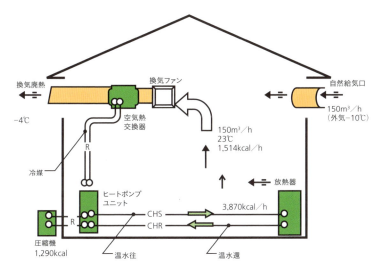

出典：キーテック

パネルヒーティングは
快適だが高コスト

　パネルヒーティングは、主に燃料が灯油やガスのボイラーで各個所のパネルヒーターに温水を運ぶ方法です。新しい方法では熱源が空気熱源、換気排熱熱源、地熱熱源などのヒートポンプで温水をつくります。

　従来の家だと 3 万 kW の大きなボイラーとパネルヒーターが 10 数台も必要で、150 〜 200 万円ほどのイニシャルコストがかかりました。

　熱損失の小さな高断熱・高気密の家ならば、4,000 kW の小さなボイラーと、居間の窓側、和室、廊下などにパネルヒーターを 3 〜 4 台設置するだけで十分です。ただし、それでもイニシャルコストは 80 万円前後になります。

　窓の下にパネルヒーターを置くと、窓面から降下する冷気（コールドドラフト）を防ぐことができます。パネルヒーターは輻射式で暖房がマイルドなうえに、熱源を分散するので、室内温度環境にとっても良好です。注意したいのは、ボイラーやボイラーとパネルヒーターをつなぐ配管には故障が多いものやメンテナンスがかかるものがある点です。製品はもとよりメーカー、施工する設備会社の実績などをしっかりと見極める必要があります。

　FF ストーブやエアコン 1 台で安価に温度差が少ない全室暖房ができる住宅が増えてきましたが、「もう少しコストをかけてもよいので、特定の部屋や場所だけ温度を上げたい」という要望もかなりあります。たとえば、家全体の最低温度は 18℃に維持しながら、洗面脱衣室や居間などは 23℃前後に温かくしてほしいといったケースです。そうした場合には、必要な部屋や場所にパネルヒーターを設置し、個々に温度管理をするとよいでしょう。

242

床暖房は高性能住宅には不要

　床暖房システムは、熱源が石油やガス、ヒートポンプなどのボイラーで温水をつくり床面の放熱場所まで運ぶ方法です。温水のほかに、電気や深夜電力蓄熱式などもあります。配管された床暖房パネルを接続するタイプ、パネルを敷き込んで配管するタイプ、放熱パネルを使わず配管だけを行うタイプなど、3つのタイプに分けることができます。

　長所は、個別式の床暖房と同様で、さらに熱損失が少ない住宅では床面の温度を低くすることができます。ただし、窓下の**コールドドラフト**が解消しにくいことから、パネルヒーターを併用することが多いようです。短所は、イニシャルコストがかかるのと、建築物本体との接合部も多くメンテナンスが必要という点です。また、温水式では水もれなどを起こす場合があります。断熱性能がよい住宅では、安価な設備で家中を温めることができるため、必ずしも床暖房システムは必要ないでしょう。

各室に床暖房と冷房用のエアコンを設置し、給湯にエコ給湯を設置すると住宅の壁は設備で埋まってしまいます。建物の省エネ性能を上げ、合理的な冷暖房給湯システムを考えて欲しいです。

コールドドラフト：主に冬季に起こる室内の窓や外壁付近における冷気の局部気流のこと。室内に温度差が生じるため、不快に感じることが多い。コールドドラフトを改善する方法としては、窓の直下に暖房を設けたり、窓の断熱性能を高めたりするなどがある。

FFストーブによる暖房

FFストーブは給排気筒が外壁を貫通することで屋外の空気と強制給排気を行うストーブで、室内の酸素を使ったり毒性のある燃焼ガスを排出したりすることがない、クリーンで安全な暖房設備です。熱源には石油やガスが使われます。また、部屋の温め方によって反射型と送風型があり、製品によっては温水床暖房パネルやパネルヒーターに接続するものもあります。

高断熱・高気密住宅では、FF式ストーブ1台で全室暖房できるため、エアコンと並んで最も安い全室暖房方式といえるでしょう。ただし、この方式では間取りを工夫しなければなりません。効率よく全室暖房を行うには、吹抜けのある居間を住宅の中心にし、そこにストーブを置いたうえで、隣接する部屋をできる限り開放的にする必要があります。吹抜けや階段を使って2階へ熱が循環するように、部屋には欄間などを設けます。ただし、こうした構成の間取りなので、プライバシーに欠ける点や、音が伝わりやすいことが欠点に挙げられます。

また、いざというときはストーブに付く消火システムが働くものの留守時の連続運転には若干の心配があります。とはいえ、設置も容易でランニングコストも灯油が今後高騰しなければ比較的安価に運用できるため、特に全室暖房には最適な暖房設備といえます。

FF式ストーブにパネルヒーターを組み合わせた方法もあります。ストーブの排熱を利用したり、専用の燃焼室をもち、床暖房回路を内蔵したFF式ストーブ1台を使い、1階をストーブで、2階を床暖房やパネルヒーターで暖める簡易的システムで全室暖房を行います。

床暖房（ゆかだんぼう）：床面を暖めることで、暖をとる暖房方法のこと。常時接触する床が暖まるため、エアコンなどに比べて快適性に優れる。温水式、電気式などに分類される。

▶ストーブ1台でも全室暖房ができる

高断熱・高気密住宅は保湿性能が高いので、開放的な間取りにすればFF式ストーブ1台でも暖房ができてしまいます。しっかりと機能させるには設計・施工上の経験が必要なので、誰にでもできるわけではないのですが、うまくいけば最もローコストに全室暖房を行うことができます。

吹抜けをもつ36坪の家を全室暖房とした例。この家では5kWのFF式石油ストーブ1台で家中を暖房している

写真にあるような6kWのFF式石油ストーブで、燃焼排熱を利用した温水パネルヒーターを2台まで設置できる

第8章 | エコハウスのための換気・冷暖房計画

セントラルヒーティングによる暖房

❶空気熱源のヒートポンプ温水によるパネルヒーターセントラル方式

　深夜電力蓄熱暖房は電力会社の強烈な宣伝により、東北や北海道などでは新築住宅の7割ほどの高普及率でしたが、東日本大震災以降原子力発電の停止により、深夜電力の余剰が少なくなり、最近では電力会社が熱効率がよい空気熱源ヒートポンプで温水をつくるパネルヒーター暖房や床暖房を行うシステムを勧めています。設置場所については、寒冷地では室外機の凍結を防ぐために冷気溜まりができないよう周囲にスペースのある場所に配置し、また室外機が強風を受けないような配慮も併せて行いましょう。

❷高性能住宅で威力を発揮するセントラル熱交換換気冷暖房システム

　数ある冷暖房や換気のシステムのうち、熱交換換気冷暖房システムは、省エネルギーで冬は暖かく夏は涼しいという高断熱・高気密住宅の快適な室内気候づくりに向いています。このシステムは、熱交換換気システムのダクト配管に冷暖房を加えたものです。暖房のみの熱交換換気暖房システムもあります。関東以南では夏の冷房エネルギーが大きいことから、四季を通じて見た場合、この種のシステムではランニングコストが低く抑えられます。また、温風や冷風を送る冷暖房システムは熱気（あるいは冷気）を運ぶので温水を運ぶ配管よりも故障が少なく、維持管理が楽というメリットもあります。

　ただし、このシステムは、建物の性能に大きく影響されます。住宅の断熱・気密の性能がよいと、わずかな風量でそれほど高温にしなくてもよいのですが、性能が悪い住宅では大量に高温な空気を送風する必要があるので、快適な室内環境にはなりません。また、すべての外気がダクトを通じて室内に入ってくるため、ダクト内の汚れやカビ、ダニ対策が重要になります。

▶ セントラル熱交換換気冷暖房システム

1階のウオークインクロゼットの天井裏にダクトエアコンが設置され、東側(下側)の壁に熱水蒸気回収型の熱交換換気システムのRDKRが設置されています。屋外からの給気された空気はRDKRで回収された室内の熱と水蒸気が加わってダクトエアコンに入り、さらに温められたり冷やされたりしながら各部屋に送風されます。排気は浴室トイレなどの青丸印の排気口から排気されます。

● ダクトエアコンと熱交換換気の組み合わせ

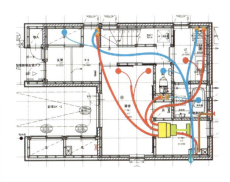

1階のダクト配管図

天井裏のダクトエアコン

壁付けの熱交換換気システムのRDKR

第8章 | エコハウスのための換気・冷暖房計画

太陽熱利用冷暖房システム

　屋根や外壁に**太陽熱集熱パネル**があり、そこで暖められた空気を床下や室内に取り込む方式です。雨や曇りの日などの日射が少ないときは十分な暖房効果が得られないので、補助暖房を用意します。

　屋根の太陽熱集熱の代表的なものとしては、「OM ソーラー」が挙げられます。集熱された太陽熱は給湯にも利用され、換気も兼ねます。最近では太陽光発電パネルとセットになっているものもあり、太陽電池モジュール（パネル）部分で太陽の光を電気に変換し、照明や電化製品へと供給されます。

　外壁に太陽熱集熱パネルが取り付くものとしては、マツナガの「ソーラーウォーマー」が挙げられます。太陽の熱で暖めた空気を室内に届けるだけではなく、常に新鮮な外気をも取り込みます。また、その暖めた空気を室内に送る送風ファンは、ソーラーウォーマーに内蔵された太陽電池パネルが供給する電力で動くために、外部電源は一切不要です。臥竜山の家では南側外壁の東西に手づくりの太陽熱集熱パネルを設置、北上の家では南側窓と外窓の周囲の壁をガラス窓で覆い太陽熱集熱パネルとしています。

　太陽熱は暖房利用だけでなく、太陽熱で温めた温水をヒートポンプで加熱し給湯として使うことができます。屋根面に集熱パネルに加えて太陽光発電パネルを設置したり、屋根を屋根材一体型太陽光発電パネルとしたりすることで、それらからつくられる電気で冷暖房や給湯に活用できます。太陽光発電パネルに太陽熱温水給湯パネルを一体的に組み合わせた製品もあります。右図のように太陽光発電パネルの下部の熱を室内に取り込み、熱交換換気システムとエアコンを組み合わせ、冷暖房を行う方式もあります。このような太陽エネルギー利用は、個々の工夫でローコストに構築することも可能です。

太陽光集熱パネル（たいようこうしゅうねつ—）：太陽光を集熱するために、ガラスや金属板などで構成されるパネル。見た目は太陽光発電モジュールに似ているが、発電を目的としたものはこのように呼ばない。一般的には集めた熱エネルギーで温水をつくったり、温めた空気を利用して暖房などを行う。

▶ 太陽熱を利用した冷暖房の仕組み

● 暖房時（冬）に太陽熱を集熱する場合

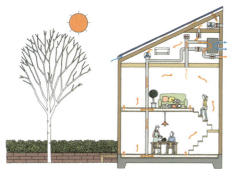

外気を軒先から太陽光発電パネル下の通気層に取り入れて、棟まで上る間に太陽熱で加温する。加温された空気は小屋裏のチャンバーボックスを経由して、屋根裏の送風機で2階床下と1階床下へと送られ、各床に設けられたガラリから各部屋に入り、暖房と換気が同時に行われる。そして各部屋から出た空気は階段ホールを経由して、最上部に設けられた空調室へと向かう。そこから熱交換換気により外へと排気され、熱だけ回収される。太陽光発電パネル下の通気層の温度が設定温度以下になったらそこから外気を導入せず、熱交換換気をベースにした屋内空気の循環に入る。

● 暖房時（冬）で太陽熱を集熱しない場合

屋内空気の循環運転で空調を行う。屋根裏の送風機によって屋内の空気は空調室へと送られエアコンを経由して加温、熱交換された新鮮外気とともに2階と1階の床下に送られ、各居室の床ガラリから部屋に戻る。部屋に入った空気は階段ホールを経由して空調室に戻り、一部の空気は熱交換換気を経由して屋外へ排気される。

● 冷房時（夏）

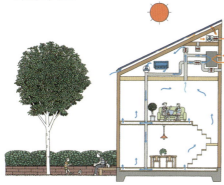

屋内空気の循環運転で空調を行う。屋根裏の送風機によって屋内の空気は空調室へと送られ、エアコンを経由して冷却、熱交換された新鮮外気とともに2階と1階の床へ送られ、各居室の床ガラリから部屋へと送られる。部屋に入った空気は階段ホールを経由して空調室に戻り、一部の空気は熱交換換気を経由して屋外へ排出される。一定の循環風量は屋内温度の均一化に貢献し、寒さや暑さのない室内環境をつくる。

太陽熱利用の定番
ダイレクトゲインで家を暖める

　ダイレクトゲインとは、日中にガラス越しに直射日光などを受けた床や壁などに日射熱が蓄熱され、夜間かけて室内に放熱、室内を補助的に暖めるというもの。床や壁にはたくさんの熱を蓄えられる、つまり蓄熱容量の大きな材料が好ましく、できるだけ大きな面積を厚みのある石やタイル、厚塗りの左官、コンクリートなどで仕上げるとよいです。また、床などを通常のフローリングなどで仕上げた場合でも、基礎断熱とすることで、直射日光で温められた床の熱によって床下のコンクリートが暖められ、夜間にかけて放熱されるという間接的なダイレクトゲインも期待できます。

　直射日光をできるだけ有効利用するために、南面に窓を大きく取ること、日射取得率を考えたガラスを選択すること、熱を逃がさない適切な断熱性能や間取り上の工夫、蓄熱を促す設計や設備計画は重要となります。もちろん、夏は室内に日射が入らない工夫を併せて行うことも欠かせません。

　断熱性能が極めて高い住宅の場合、冬でも快晴などで日射量が大きい場合、ダイレクトゲインによって室内がオーバーヒート気味になることがあります。通常であれば窓開けするなどして温度調整してもよいですが、床下エアコンを導入しているのであれば、床下エアコンを送風モードにして、室内の25℃〜30℃程度になった空気を床下空間に送風し、床下のコンクリートに蓄熱、夜にかけて放熱させると、夜遅くまで補助暖房として使うことができます。

　また、南面にサンルームなどを設けた場合は、直射日光によって暖められたサンルーム上部の暖かい空気を、送風機とダクトなどを使って床下に送風、床下のコンクリートに蓄熱して、夜間放熱を促すという方法もあります。

▶土間床を使ったダイレクトゲイン

ガラス越しに直射日光を受け、日射熱を床や壁などに蓄熱するダイレクトゲインは有効な補助暖房になります。床は石、タイル、左官(土、モルタル、コンクリート)など蓄熱容量の大きな材料で仕上げるとよいです。

● 意外に多い！ 木造住宅の基礎の蓄熱量割合

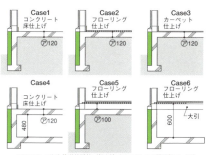

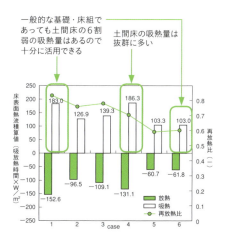

上図は基礎・床構法別の日射取得の際の蓄熱量(吸熱量)と放熱量の関係です。土間床(Case1、4)の蓄熱量(吸熱量)と比べると、Case6に代表される一般的な木造の基礎の蓄熱量(吸熱量)は当然少ないですが、それでも吸熱量がCase1の60%、弱放熱量も40%と無視できない量です。基礎は床下暖房なども含めて積極的に利用すべきです。

出典：本間義規宮城女子学院教授

窓側の床をたたきで仕上げた例

サンルームで日射取得し、室内に暖気を送る

古いのが新しいバイオマス

薪ストーブは、燃料の薪が森林で生成されるサスティナブルなバイオマス燃料なので、省 CO_2 に寄与する、環境に負荷が少ない暖房設備です。

高断熱住宅では、薪ストーブ1台で全館暖房を達成することも可能です。U_A 値 = 0.34W ／ ㎡K（Q値=1.3W ／ ㎡K）前後のQ1.0住宅レベル1やHEAT20G2レベルの住宅であれば、ナラなどの広葉樹の薪十数本で、丸1日全館暖房が可能になります。この程度の薪の量であれば、薪をくべる回数も少なく薪代も負担にならないため、快適に薪ストーブが楽しめます。

ペレットストーブに使われるペレットもバイオマス燃料です。ペレットストーブのなかには、燃料のペレットを収納するタンクが設けられ、燃焼室への自動補給ができる製品もあり、薪ストーブのように1日に何回も薪をくべるが必要ありません。また、ペレットの収納タンクが燃焼室の上部にあり、ペレットが重力で自然落下するペレットストーブは、電気がなくても使うことができるため、停電時の暖房として使うことが可能です。

よりサスティナブルな住宅を望まれる方は、お湯をつくる機能がある薪ストーブやペレットストーブを選択するとよいでしょう。室内を暖めながら給湯ができ、炊事やお風呂のほか、温水パネルヒーターなどに活用できます。住宅の一次消費エネルギーのなかで、暖冷房消費エネルギーの次に大きいのは給湯用エネルギーなので、家全体の省エネに大きく寄与します。

なお、パッシブハウスなどの超高断熱住宅では、薪ストーブやペレットストーブの暖房能力は過大であり、オーバーヒートする可能性があるので、製品の選択や使い方には工夫が必要です。

▶ 薪ストーブとペレットストーブ

薪ストーブやペレットストーブの窓から見える炎のゆらめきを眺めることで、リラックスした心地よさを感じることもできます。
そして、多くの製品が燃焼時には基本的に電気を必要としないため、停電時の暖房として使うことができます。

薪ストーブ1台で常時全館暖房をする。ビルトインされたオーブンや上面で料理をする

版築の蓄熱壁に埋め込まれた薪ストーブ。温水をつくり暖房、給湯に使う

おしゃれなペレットストーブ。強制同時吸排気で外に煙突が不要

デザイン性に優れた薪ストーブ。揺らぐ炎を見ながら休日を楽しむ

> 断熱性能がよい家では、バイオマスストーブ1台で室内がオーバーヒートする可能性があります。ストーブに機能を与えすぎると、部屋が暑いのを我慢してお風呂を沸かすなんてことになりかねません。

床下暖房は
ローコストでマイルド

　床面、壁面、天井面が室温より0.5〜1℃前後高いと、輻射熱で心地よく感じられます。床、壁、天井のうち、温熱環境的に影響が大きいのは、人体がじかに接する床面です。これまでは、温度が高すぎて不快な床暖房しかなかったのですが、基礎断熱の床下空間を暖めて床面を室温より0.5〜1℃高い温度に保ち、同時に床面に設けたガラリを利用してゆるやかな自然対流によって室内の空気を暖めるという方式が出てきました。これが床下暖房です。床下暖房のヒントはローマ時代のハイポコースト（床下暖房・壁暖房）です。このハイポコーストから壁暖房をとったものが、朝鮮半島のオンドルです。世界各国に同じような方式があります。床下暖房は、非常にローコストかつマイルドな暖房方式です。ただし、この方法を採用するには、住宅の躯体が高断熱・高気密であり、基礎断熱であることが前提となります。

　床下を暖める暖房方式には、❶床下に暖房機を置く、❷床下に放熱器を置く、❸床下に暖かい空気を入れる、といった3タイプがあります。

　❶の暖房機には、コストが最も安いFF式ストーブ（強制給排気）やエアコンなどがあり、コストと生活形態に合わせて選択します。たとえば、エアコンは高齢者や共働きの家庭や火災が心配な人にはオススメです。

　❷の放熱器は、温水ボイラーやFF式ストーブ（廃熱利用、ツインバーナー）によるパネルヒーター、深夜電力電熱線埋込み土間コンクリート蓄熱暖房などがあります。床面のみを暖めるのではなく、熱量が大きい基礎のコンクリート、土間コンクリートに蓄熱されることで全体からの輻射熱が期待できます。熱容量の大きさは木造建築の欠点を補い、安定した温熱環境を維持することが可能です。

▶ ローコストなFFストーブによる床下暖房

基礎断熱にすると床下が室内空間になり、基礎コンクリートを蓄熱体として利用できます。この蓄熱体を利用したのが床下暖房で、定番的に行われているのがFFストーブによる床下暖房です。この方法は、基本的にFFストーブを床下に置くだけなので、施工も容易で、安価なコストで導入できます。FFストーブは一般的な室内に設置するものです。

FF式ストーブの上部がオープンタイプのもの。通常のストーブと同じように扱うことでき、メンテナンスが容易である

押入や家具の下部にFF式ストーブを設置するタイプ。ガラリ戸越しに管理できる

床下暖房のメリットとデメリット

　床下暖房のメリットは、床面の温度が室温より約 0.5 ～ 2℃高く、輻射熱で心地よく感じられることです。床面と天井の温度差、平面方向の温度差がほとんどなく、良好な温熱環境がつくられます。また、床面の輻射熱が有効に働き、室温が低めに設定できるので非常に省エネルギーです。良好な温熱環境を維持するには連続運転が基本ですが、ランニングコストは連続でも非連続でも大きくは変わりません。夜に暖房を止めると、床下コンクリートの熱容量が大きいために、温熱環境が回復するのに午前中いっぱいかかります。しかし、翌朝でも室温は 2℃ほどしか下がらないので寒くは感じられず、夕方の一家団らん時には十分回復します。

　また、全室暖房と全室冷房を安価にシステムを組むこともできます。イニシャルコストを最大限に下げるには、ストーブやエアコンを床下に置き、上部が床上に出るように居間の片隅に設置します。床下には温風が放出され、室内も直接に暖房されます。15 万円前後で床下暖房が出来上がることになります。

　強いて欠点を挙げれば、この方法で優れた温熱環境をつくるには経験が必要になることでしょう。暖房機を完全に床下に入れる場合は、メンテナンスできるように点検口や取出し口を考える必要があります。

　ストーブや蓄熱暖房機の場合は、押入の下部空間を利用し、ガラリ戸を手前に設置したり、階段室やボイラー室に設置して床下空間に温風を吹き込むなどの工夫が必要です。温風方式では、床下のホコリが舞うほどの温風の強さではありませんが、人が腹這いになって掃除機で床下のホコリを掃除できるような空間を確保する必要があります。

ランニングコスト：運転経費のことで、機器やシステムなどを運用・管理し続けるために必要な費用のこと。水道代や電気代などのほか、メンテナンスにかかる費用なども含まれる。設備では、設備機器のコストや設置コストなど導入時のコストであるイニシャルコストだけではなく、ランニングコストも併せて検討することが重要である。なお、このことをライフサイクルコスト（LCA）ともいう。

▶簡単で安いエアコンを使った床下暖房

床下に暖房器を置く床下暖房は熱源としてFF式ストーブ以外にエアコンがあります。このうち、エアコンは基本常時運転ですが、暑ければ暖房を消し、寒ければ暖房を付けるなど、温度管理が容易で、FF式ストーブの火が心配な人でも安心して床下暖房を行うことができます。最近エアコンは外気温が-5℃でもCOP（熱効率）2.5程度で、暖房消費エネルギーが1/2.5になります。エアコンは大手メーカーが全力を挙げて開発を進めており、今後さらなるCOPの向上が期待できそうです。

造作家具のガラリ部分にエアコンを内蔵している

サーモグラフで撮影した床下暖房。床上面の温度は24℃ほど

床下に設置されたエアコン。エアコンの上面と床の上面の高さを揃えた位置に設置している

床下の温度は25℃ほどでほぼ均一である

サーモ画像：前真之 東京大学准教授

U_A値=0.34W／㎡K（Q値=1.3W／㎡・K）程度以上の断熱性能の住宅の場合は地盤面に熱が逃げやすくなるので、基礎の底盤下に断熱材を全面敷き込みしたほうがよいとされています。

第8章 ｜ エコハウスのための換気・冷暖房計画

温暖地の冷房の必要性

　温暖化が進み、温暖地では真夏日・猛暑日・熱帯夜が増え熱中症対策はもちろんのこと、暑さを我慢することなく快適に住まうには冷房が必須になっています。不快感は温度だけではなく相対湿度の高さも大きく影響するので、高湿度な梅雨から夏にかけて除湿も必要です。人間だけでなく、食物はもちろんのこと衣服や靴屋やバックなどの革製品などがカビてしまいます。

　大阪では、真夏日が65日程度、熱帯夜は35日程度もあります。東京の練馬では、真夏日が45日程度、熱帯夜は15日程度もあります。熱帯夜の連続は熟睡できなく体調不良や熱中症になりやすいです。我慢することなく体に負荷がかからない良好な冷房が必須です。温暖化の現在は、低温な時代の吉田兼好の「夏を旨とすべし」を従来の通風や日陰などの伝統的な手法のみでは凌げなくなってきています。

　かつては有効であった窓を開けての涼風の通風が、長期にわたる真夏日や熱帯夜では大量の熱風と湿気が室内に入り込んでしまい逆効果になっています。屋外の温度が冷えた夜間に窓を開け室内に涼風を取り入れるナイトパージの手法は3〜1地域にのみ有効になっています。

　熱帯夜が少なく、夜間にある程度気温が下がる北東北や北海道の盛岡市、弘前市、札幌市、秋田市などの1〜3地域で、Q1.0住宅のレベル2程度の高性能の住宅では、ナイトパージが有効です。夜間に涼風を取り込み朝に窓を閉めると夕方まで涼しさが保てます。

　真夏日や熱帯夜が長期にわたる6地域以西では、冷風が直接に体に当たらないなどの工夫をし、体に負荷にならない冷房（エアコン）が必要です。

▶意外に多い熱帯夜や猛暑日

関東以西では、夏の間1日中エアコンなしではいられない高温で高湿度な猛暑日や、
夜にエアコンなしでは眠れない熱帯夜が続きます。
このような気温は身体への負担が大きいので、
高断熱住宅であっても無理をせずにエアコンを使いましょう。

● 都市別真夏日等の日数比較

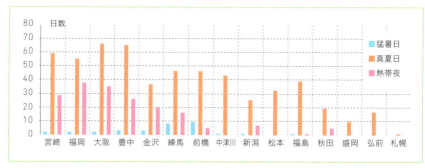

出典：新住協＋鎌田紀彦室蘭工業大学名誉教授

● 冷房期間

1月	2月	3月	4月	5月	6月	7月	8月	9月	10月	11月	12月	1月
暖房期間			冷房期間（暖房期間以外の期間）										暖房期間
			冷房不要期間		冷房必要期間					冷房不要期間		
						冷房必須期間							

3地域以北は夜間に外の涼風を窓やガラリから取り入れ、朝から夕方までは窓やガラリを締め夜間に取り入れた涼風を室内に留め涼しさを求めるナイトパージが有効。4地域でも熱帯夜を除き有効な手法である

第8章｜エコハウスのための換気・冷暖房計画　　259

温暖地での
冷暖房計画の考え方

　温暖地におけるエコハウスに最低限求められる仕様として挙げた U_A 値＝0.34W／㎡K、Q 値＝1.6W／㎡K（HEAT20・G2）以上の性能であれば、暖房に関して特段難しいことはありません。1 階リビングなどに簡易な暖房設備を設置するだけで、全室を暖めることが可能です。また、南面に大きな窓を取るなど日射を十分に活用できるように計画した住宅は、暖房負荷をかなり小さくできます。ただし冬は、室温を上げると相対湿度が 30％以下の過乾燥になることがあります。過乾燥は不快感にもつながるので、50％前後を保つ工夫が必要です。また、日中の気温が比較的暖かく日差しの強い日は、冬であってもオーバーヒートになってしまうことがありますので、外付けブラインドなどを利用した日射量の調整や窓開けによる換気が必要です。

　一方、温暖地の冷房では、日中から深夜まで続く高い温湿度に対応する必要があります。日中は日射が入らないように工夫するとともに、外部の湿気が入らないように窓をできるだけ閉めたままで、エアコンを常時弱運転しながら快適な温度を保っていく必要があります。また、冷気は暖気と比べて重く上昇しにくいため、冷暖房をエアコン 1 台でまかなう場合には相応の工夫が必要になります。

　1 台で冷暖房を兼ねるという意味ではエアコンが唯一の選択となります。またエコハウスなどでは、暖冷房と換気が一体化されている全館空調のダクトエアコン＋ 1 種全熱交換換気システムの組み合わせも普及しはじめています。家全体の温度ムラが少ない非常に高機能なシステムなのですが、やや高価なので後述し、まずは国内で最も普及している市販のエアコンを活用した手法を紹介します。

▶ 日射遮蔽手法と床下エアコン冷暖房

夏の日射の6〜7割は天空日射で3〜4割は直達日射です。庇や簾などは直達日射の遮蔽には有効ですが、天空日射の遮蔽には有効でありません。省エネで心地よい冷房を効果的に行うには、天空日射と直達日射の両方の遮蔽の有効な外付けブラインドや外付けシェードなどによる日射遮蔽が必要です。これらは朝日や夕日の太陽高度が低い日射の遮蔽もできます。

日射遮蔽には右の写真の外付けブラインドが有効だが、予算に限りがあれば大窓は外付けブラインド、その他の窓は外付けシェードの組み合わせが有効

夏はスラットを横にすることで直達日射を遮蔽できる

● 平屋の床下エアコン冷暖房概念図

夏：冷房

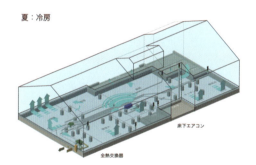

床下エアコンの冷気をエアコンの送風力のみで上の居住空間に上昇させましょう。ポイントは冷えすぎないように結露しないようにするには、床下空間を基礎の立ち上がりがない円柱扁平地中梁基礎でオープンな空間をつくり温度や湿度のムラをつくりません。

冬：暖房

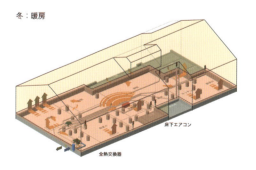

床下エアコンの暖気をエアコンの送風力のみで上の居住空間に上昇させましょう。床面が居住空間より2℃前後高い低音輻射暖房が快適です。

エアコンを使った全室冷暖房 ❶

❶床下エアコン冷暖房

　市販のエアコンのメリットは、コストパフォーマンスの高さです。リビング用であっても10万円程度で購入でき、設置費用もそれほど高くないです。また、ヒートポンプの性能がよいため、ランニングコストも優れています。また、数多くのメーカーが製品を出しているため、価格を含め選択の幅が広いです。一方、エアコンの弱点は冷風・温風が直接に人体に当たることで、これは不快です。

　この温冷風の不快感を解決したのが床下エアコン冷暖房です。基本的には基礎断熱を行い、床下に冷風・温風が流れるようエアコンを床下に設置すればよいです。床下全体が冷やされたり温められたりすることで、夏は床面が室温よりやや冷たく、冬は床面が室温よりやや暖かくなり、つまり緩やかな床冷暖房のような効果が得られます。また、人の体に直接温冷風が当たらなくなるため不快を感じることがないです。床の表面などに床下とつながるガラリを設けることで、冷暖気は少しずつ室内に流れてきます。

　また、エアコンの送風力のみで床下全面に冷暖気を行き渡らせる必要があるため、基礎は内部に立上りがないものが望ましいです。筆者は内部にもアンカーボルトが必要な場所があるため、立上りの代わりに鉄筋コンクリートの円柱を設置した扁平梁ベタ基礎を考えました。これは冷暖気が行き渡るだけでなく、配管のメンテナンス、シロアリ被害の点検、掃除も簡単に行えます。

　なお、最低限の仕様では基礎は立上りと底盤下に断熱を施すこととしていますが、底盤下を省略した場合は地熱が床下の土間コンクリートに伝わるた

▶床の低温輻射は心地よい

冷房時も暖房時も床下空間をチャンバーとして利用します。冷気や暖気の流れをよくするのに床下空間が基礎の立ち上がりがないオープンなスペースな空間にします。

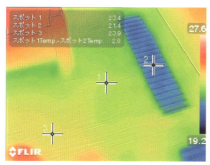

夏の冷房期間の杉板床面のサーモグラフ。床面の表面温度は24〜25℃前後にし、床面が冷え過ぎると不快感が生じる。ガラリからは冷風が送風

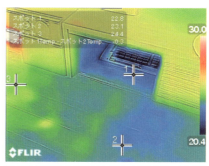

夏の冷房期間の床下エアコン付近のサーモグラフ。床下のエアコンからの冷気の流れが分かる

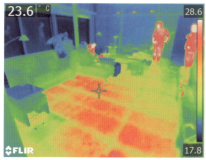

床下エアコン暖房時の床面の温度状態のサーモグラフ。23.6℃前後である。室温より2〜3℃高く低温輻射が心地よい

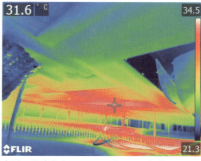

床下の温度分布のサーモグラフ。右手にエアコンがあり温風を窓側に送風。エアコンの上端を床面と揃え、リターンは居間から取り入れる

床下内部は仕切りの基礎立上りがなくオープンな空間なので、床下エアコン暖房はエアコンの送風力のみで行う。大引下で高さが550mmあり、キャスターボードに腹ばいになれば楽に掃除ができる

中段サーモ画像：前真之 東京大学准教授

第8章 ｜ エコハウスのための換気・冷暖房計画　　263

め、23℃前後の低い温度で安定しています。したがって、夏であれば床下からの冷気で床上の温度も 24℃程度になり、心地よい冷輻射を得ることができます。その上の床面の温度も 24℃前後で室温の 27℃よりも低く、心地よい冷輻射になります。昼寝などで床面にじかに寝そべると、体が冷えてしまうほどです。ただし、底盤下に断熱を施さないと、冬は床下暖房の熱の一部が地中に逃げてしまうので、何を優先すべきかで判断したいです。

❸床下エアコン暖房＋２階冷房用エアコン

　床下エアコン冷暖房のデメリットは、暖気に比べて重い冷気があまり上昇せず、２階が冷えにくいという点です。そこで、最も簡単かつ確実に全館冷暖房を達成できるのが、床下エアコン暖房＋２階冷房用エアコンの方法です。エアコンは２台必要になりますが、暖房時は床下エアコンを活用し床下から１階、２階と暖気の上昇に合わせて家中を暖め、冷房時は２階から１階、床下へと冷気を落としていくことで家中を冷やします。ダクトなども必要としないので、第３種換気システムで問題なく使え、メンテナンスも楽です。

　ただし、暖冷気を家中に行き渡らせるために、壁の少ない開放的なプランや吹抜けなどを効果的に配置する必要があります。また、Q値＝ 1.6kWh／㎡（HEAT20・G2）レベルの性能であっても、１・２階間の温度差は２〜３℃程度生じてしまい、多少不快に感じることがあります。また、３種換気システムは室内の水蒸気を屋外に放出してしまうため、過乾燥になる傾向があり、それが心配であれば第１種全熱交換換気システムを採用することを考えたいです。

　いずれにしても、ローコストかつ簡易な全室冷暖房としての評価は高く、温暖地のエコハウスの基本的な冷暖房手法としてお勧めします。

▶床下は暖房用、2階に冷房用エアコン

床下エアコン冷暖房のエアコンを1台で、工夫なしに2階の空間を冷房することはままならない。解決するには2階のホールやその上のロフトに冷房用のエアコンを設置し、冷気の重さを利用して下へ流れるようにします。

2階上のロフトに設置された冷房用のエアコン

階段を上がった出入口の上の格子の中に冷房用のエアコンを設置。エアコンが収納された格子の中のチャンバーから隣の寝室に冷気が送風される

床下エアコンを床下空間から見る

キッチンの背面収納の格子部分に床下暖房用のエアコンが設置されている

左写真の格子の中の床下エアコン

第8章 | エコハウスのための換気・冷暖房計画

エアコンを使った全室冷暖房 ❷

❶床下エアコン冷暖房＋送風ファンダクト＋1種全熱熱交換換気システム

床下エアコン暖房＋2階冷房用エアコンは2台のエアコンを使うのですが、この手法は1台のエアコンですべての冷暖房をまかなう方式です。1階床下にエアコンを設置し、1階は床ガラリから、2階は1階床下の冷気暖気をファン付きダクトで各部屋に送風し、それぞれ冷暖房を行います。換気と冷暖房は別系統になっています。推奨レベル（Q値＝1.15W／㎡K）で平屋であれば各部屋の温度差は2℃前後で収まります。

❷床下エアコン冷暖房＋1種全熱熱交換換気（床下設置）

熱交換換気本体を床下に設置し、床下空間全体がチャンバーの役目を果たすことで、床下エアコンとダクト連結なしで連動させます。各室からダクトを経由して床下に集められた排気は熱交換換気で熱だけ回収され、それによって暖められた給気を床下に放出します。放出された給気はさらに床下エアコンで暖められ、負圧になっている各室に引き込まれ、家全体を暖めます。給気側のダクトは外気取り入れの距離だけで短く、平屋であれば各部屋からの排気ダクトも短くて済みます。推奨レベル（Q値＝1.15W／㎡K）で平屋の各部屋の温度差は1℃前後で収まります。

❸エアコン冷暖房＋1種全熱熱交換換気（ロフト設置）

エアコンと1種全熱熱交換換気をロフトに設置し、ロフト全体をチャンバーの役割として、給排気時の熱交換とエアコンによる加熱・冷却をダクト連結なしで行います。そしてロフトチャンバーから送風ファン付きダクトを介して各部屋の冷暖房と換気を行います。推奨レベル（Q値＝1.15W／㎡K）で各部屋の温度差は1℃前後で収まります。

▶床下エアコン冷房の冷気を2階の各個室に送風する

床下エアコンでつくられた冷気は重くて2階までは上昇しにくいですが、ファンがついたダクトで各個室に冷風を送風します。

● 床下エアコン冷暖房（2階送風）＋1種全熱熱交換換気システム

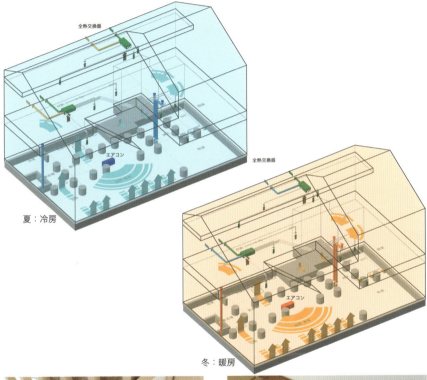

廊下の階段下にある床下に設置されたエアコン

床下空間から冷暖房された空気を送風ファンダクトで2階個室に送られる。2階個室の床面に取り付けられた送風口

ダクトエアコン全館空調

　ここではダクトエアコン全館空調システム＋１種全熱熱交換換気システム、特にロータリー式アルミ製熱交換素子の熱交換換気システムを紹介します。これは推奨レベル（Q値＝1.15W／㎡K）以上の家に薦めます。一般的に１種全熱熱交換換気を１階に、ダクトエアコンを１階上部の天井裏に設置しますが、熱交換換気はロフトに置かれることも多いです。

　１種全熱熱交換換気システム＋２カ所のトイレと浴室の排気ファン＋各個室への送風ファンダクトの組み合わせは、寒冷地用エアコン（材工25万円ほど）と同価格帯で設置できるので抵抗なく使えます。各室の温度差が少なくなるように調整でき、冬は室内の水蒸気を排出することなく回収できるので相対湿度45〜50%前後を維持できます。浴室やトイレからの排気も同様にシステムに組み込まれています。夏は外気の水蒸気を室内に入れないので、エアコンの除湿によって相対湿度が50%台を維持できます。

　現状のシステムでは、冬は外気からの給気に熱交換換気システムで排気から回収された熱と水蒸気が付加され、それがダクトを経由してダクトエアコンに送られ、家中から集められた空気とともに加温され各室に送風されます。夏は外気からの給気から熱交換換気システムで熱と水蒸気が取り除かれ、同様に家中から集められた空気とともにダクトエアコンで冷却・除湿され各室に送風されます。

　なお、上位レベル（Q値＝0.8kWh／㎡K）以上の家では150〜200㎥／hの換気量で冷暖房ができるため、このシステムのエアコンの送風量（500㎥）では過剰スペックになります。単純なダクトエアコン＋熱交換システムの組み合わせなので、送風量の少ないエアコンが販売されるとよいのですが。

▶ 全館空調で過乾燥と高湿度から脱する

冬の暖房期は室内が過乾燥になります。特に3種換気では相対湿度が30%を切ってしまいますが、これを解消するには水蒸気を回収する全熱熱交換換気システムが必要です。浴室や洗濯乾燥室などから水蒸気を回収できる、熱交換素子が金属製の全熱熱交換換気システムが適しています。相対湿度が45%前後を維持できます。梅雨や夏には外の高い水蒸気を排出するので、エアコン冷房の除湿作用とで相対湿度が50%前後を保持できます。

● ロータリー式熱交換ユニット

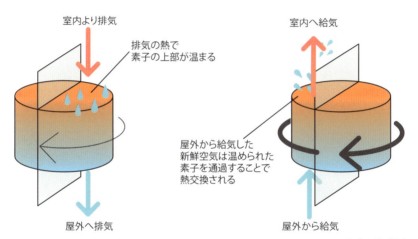

出典：ガデリウス

1種熱交換換気システムのRDKRの本体。内蔵されている8角形のボックスと円形の部材が回転式の熱交換素子である。壁付けなので前扉を開けることができ、フィルターの掃除や交換が簡易だ

第8章　エコハウスのための換気・冷暖房計画

本書がよく分かる用語索引

本書の欄外で解説している用語を五十音順で並べました。
本書を読み進めるうえでの参考資料として活用ください。

あ

雨仕舞 ……………………………… あまじまい 180
アルゴンガス …………………… アルゴンガス 038
アルミ中層断熱サッシ
……………………… あるみちゅうそうだんねつさっし 038
ηA値 ……………………………… いーたえーち 020
η値 ………………………………… いーたち 014
一次エネルギー ……………… いちじえねるぎー 012
1次製造エネルギー いちじせいぞうエネルギー 154
VOC ……………………………… ヴィーおーしー 224
エネルギー消費性能計算プログラム
……………… えねるぎーしょうひせいのうぷろぐらむ 016
FF式ストーブ …………… えふえふしきストーブ 114
OSB ……………………………… おーえすびー 134
オーニング ……………………… オーニング 044

か

外気 ………………………………… がいき 186
外皮平均熱貫流率
……………… がいひへいきんねつかんりゅうりつ 012
過乾燥 ……………………………… かかんそう 052
化石燃料 ………………………… かせきねんりょう 016
可塑剤 ……………………………… かそざい 182
環境負荷 ………………………… かんきょうふか 146
機械換気 ………………………… きかいかんき 228
基礎外断熱 …………………… きそそとだんねつ 150
Q値 ………………………………… きゅーち 010
QPEX ……………………………… きゅーぺっくす 024
Q1.0住宅 …………………… きゅーわんじゅうたく 030
気流止め ………………………… きりゅうどめ 094
結露 ………………………………… けつろ 076
高性能グラスウール こうせいのうグラスウール 098

構造用合板 …………………… こうぞうようごうはん 132
コールドドラフト …………… コールドドラフト 243

さ

在来工法 ………………………… ざいらいこうほう 090
先張りシート ………………… さきばりしーと 102
サンルーム ……………………… サンルーム 042
自己消化性 …………………… じこしょうかせい 157
次世代省エネルギー基準
……………… じせだいしょうえねるぎーきじゅん 010
自然対流 ………………………… しぜんたいりゅう 120
新住協 ……………………………… しんじゅうきょう 024
新省エネルギー基準 ……… しんしょう—きじゅん 018
水蒸気 ……………………………… すいじょうき 170
スカート断熱 ……………… スカートだんねつ 112
隙間相当面積 ……………… すきまそうとうめんせき 136
ZEH ………………………………… ぜっち 008
全室暖房 ………………………… ぜんしつだんぼう 028
セントラル換気扇 ……… セントラルかんきせん 226
相対湿度 ………………………… そうたいしつど 110
外付けシェード ……………… そとづけしぇーど 058
外付けブラインド ………… そとづけぶらいんど 040
外張り断熱 ……………………… そとばりだんねつ 026

た

代替フロン ……………………… だいたいフロン 144
太陽光集熱パネル たいようこうしゅうねつパネル 248
太陽光発電 …………………… たいようこうはつでん 036
ダイレクトゲイン …………… ダイレクトゲイン 050
ダクトスペース ……………… ダクトスペース 040
炭化水素 ………………………… たんかすいそ 158
断熱改修 ………………………… だんねつかいしゅう 126

270

暖房負荷	だんぼうふか	022
蓄熱	ちくねつ	073
蓄熱	ちくねつ	240
地熱	ちねつ	072
長期優良住宅	ちょうきゆうりょうじゅうたく	008
通気工法	つうきこうほう	172
透湿性	とうしつせい	106
透水シート	とうすいしーと	070
特定フロン	とくていフロン	159
ドレーキップ窓	ドレーキップまど	222

な

内部結露	ないぶけつろ	088
夏型結露	なつがたけつろ	174
日射取得係数	にっしゃしゅとくけいすう	014
日射透過率	にっしゃとうかりつ	032
日射熱取得率	にっしゃねつしゅとくりつ	014
日射量	にっしゃりょう	028
人工	にんく	110
熱貫流率	ねつかんりゅうりつ	048
熱交換換気	ねつこうかんかんき	064
熱損失係数	ねつそんしつけいすう	010
熱伝導率	ねつでんどうりつ	142

は

バウビオロギー	バウビオロギー	066
パッシブ換気	パッシブかんき	230
パッシブデザイン	パッシブデザイン	056
ハニカムスクリーン	ハニカムスクリーン	062
はめ殺し窓	はめごろしまど	200
ヒートショック	ヒートショック	030
HEAT20	ひーとにじゅう	034

非定常	ひていじょう	108
風力	ふうりょく	074
輻射熱	ふくしゃねつ	024
袋入りグラスウール	ふくろいりぐらすうーる	092
ブローイング	ブローイング	162
平均日射熱取得率	へいきんにっしゃねつしゅとくりつ	020
ヘーベシーベ	ヘーベシーベ	220
防湿コンクリート	ぼうしつコンクリート	110
防水透湿シート	ぼうすいとうしつしーと	096
ホルムアルデヒド	ホルムアルデヒド	161

ま

| μ 値 | みゅーち | 014 |
| 無落雪屋根 | むらくせつやね | 122 |

や

U_A 値	ゆーえーち	012
床下暖房	ゆかしただんぼう	238
床暖房	ゆかだんぼう	244

ら

ランニングコスト	ランニングコスト	256
冷暖房負荷	れいだんぼうふか	220
冷輻射	れいふくしゃ	102
冷房負荷	れいぼうふか	022
Low-E	ろういー	082

西方里見
にしかた・さとみ

1951 年秋田県能代市に生まれる。'75 年室蘭工業大学建築工学科を卒業後、青野環境設計研究所を経て、'81 年西方設計工房設立。'93 年西方設計に組織変更し、現在に至る。2004 年地域の設計組合「設計チーム木」を結成。1980 年代より海外の住宅を定期的に視察し、そのアイデアを日本の風土や気候に合わせて実際の住宅に応用、数多くの住宅や公共建築物などを設計している。「建築知識」誌 2013 年 3 月号企画「日本の住宅を変えた 50 人＋α」選出。
主な建築賞に、サステナブル住宅賞国土交通大臣賞、東北建築賞作品賞（設計チーム木）、JIA 環境建築賞優秀賞（設計チーム木）ほか。
主な著書に『最高の断熱・エコ住宅をつくる方法』『「外断熱」が危ない！』『プロとして恥をかかないためのゼロエネルギー住宅のつくり方』（ともにエクスナレッジ刊）など

最高の断熱・エコハウスをつくる方法
令和の大改訂版

2019 年 6 月 21 日　初版第 1 刷発行
2020 年 4 月　1 日　　　第 2 刷発行

著者　　西方里見

発行者　澤井聖一

発行　　株式会社エクスナレッジ
　　　　　〒 106-0032 東京都港区六本木 7-2-26
　　　　　http://www.xknowledge.co.jp/
　　　　　販売：TEL 03-3403-1321／ FAX 03-3403-1829
　　　　　編集：TEL 03-3403-1343／ FAX 03-3403-1828
　　　　　info@xknowledge.co.jp

無断転載の禁止
本誌掲載記事（本文、図表、イラスト等）を当社および著作権者の承諾なしに無断で転載（翻訳、複写、データベースへの入力、インターネットでの掲載等）することを禁じます。
©SATOMI NISHIKATA